禪家龜鑑
선 가 귀 감

경전·조사어록시리즈를 내면서

귀의 삼보하옵고

불교대학을 개설, 직접 강의하면서 느꼈던 본인의 가장 큰 애로사항은 마땅한 교재의 부재였습니다.

대부분이 한글세대인 신도님들에게 한문으로 된 경전이나 조사어록을 어떻게 하면 좀 더 효과적으로 가르칠 수 있을까하는 고민을 해 왔습니다.

내용전달이란 측면에서 한글은 한글대로 중요하고, 원전의 의미 보존이란 측면에서 한문은 한문대로 중요하다고 봅니다.

이런 두 가지 부분을 모두 수용하려는 의도에서 한문과 한글을 지면의 반반씩 배분하였습니다.

나아가 책을 뒤적이지 않고도 서로 대조하면서 공부할 수 있도록 신경을 썼습니다. 그리고 한문의 가로쓰기를 과감하게 시도했습니다.

아무쪼록 이 교재가 심도있게 공부하려는 학인(學人)들에게 도움되기를 바랍니다.

성불(成佛)하십시오.

정진실에서 우학 합장

차 례

경전·조사어록 시리즈를 내면서·······················5
序文 서문···7
本文 본문··13
跋文 발문··135

序文
서문

古之學佛者는 非佛之言이면 不言하고 非佛之行이면 不行也라 故로 所寶者는 惟貝葉靈文而已러니 今之學佛者는 傳而誦則士大夫之句요 乞而持則士大夫之詩라 至於紅綠으로 色其紙하고 美錦으로 粧其軸하야 多多不足하야 以爲至寶하나라 吁라 何古今學佛者之不同寶也아.

　옛날에 불교를 배우는 이들은 부처님의 말씀이 아니면 말하지 아니하고, 부처님의 행실이 아니면 행하지 아니하였다.

　그러므로 보배로 여기는 것은 오직 불경의 거룩한 글뿐이었는데 지금의 불교를 배우는 이들은 전하여 가며 외우는 것이 사대부의 글이요, 청하여 지니는 것이 사대부의 시뿐이다.

　그것을 울긋불긋한 종이에 쓰고, 고운 비단으로 꾸며서 아무리 많아도 족한 줄을 알지 못하고 가장 큰 보배로 생각하니, 아! 예와 지금의 불교를 배우는 이들의 보배로 삼는 것이 어찌 이다지도 같지 않은가?

余雖不肖_나 有志於古之學_{하야} 以貝葉靈文_{으로} 爲
여 수 불 초   유 지 어 고 지 학   이 패 엽 영 문   위
寶也_나 然_{이나} 其文_이 尙繁_{하고} 藏海汪洋_{하야} 後之
보 야   연   기 문   상 번   장 해 왕 양   후 지
同志者_가 頗不免摘葉之勞故_로 文中_에 撮其要且
동 지 자   파 불 면 적 엽 지 로 고   문 중   촬 기 요 차
切者數百語_{하야} 書于一紙_{하니} 可謂文簡而義周
절 자 수 백 어   서 우 일 지   가 위 문 간 이 의 주
也_라 如以此語_로 以爲嚴師_{하야} 而研窮得妙則句
야   여 이 차 어   이 위 엄 사   이 연 궁 득 묘 즉 구
句_에 活釋迦存焉_{이시니} 勉乎哉_{인저} 雖然_{이나} 離文
구   활 석 가 존 언   면 호 재   수 연   이 문

　내가 비록 불초하나 옛 글에 뜻을 두어 불경의 거룩한 글로써 보배를 삼으나, 그 글이 너무도 번거롭고 장경의 바다가 하도 넓고 아득하여, 뒷날 뜻을 같이 하는 이들이 가지를 헤쳐 가면서 잎을 따는 수고로움을 면치 못할까 하여, 글 가운데 가장 요긴하고도 절실한 것 수백 마디를 추려서 한 장에 쓰니, 참으로 글은 간략하나 뜻은 주밀하다고 할만하다.

　만일 이 글로써 스승을 삼아 연찬하고 궁구하여 묘리를 얻으면 마디마디에 산 석가여래께서 나타나실 것이니 부디 힘쓸 것이다.

　그렇더라도 글자를 떠난 한 마디와 격에 벗어난 기

華道人와 格外奇寶는 非不用也나 且將以待別
자 일 구   격 외 기 보   비 불 용 야   차 장 이 대 별
機也하노라
기 야

嘉靖甲子 夏
가 정 갑 자 하

淸虛堂　白華道人
청 허 당　　백 화 도 인

묘한 보배를 쓰지 않으려는 것도 아니지만, 또한 장
차 특별한 기틀을 기다리고자 한다.

가정갑자 여름

청허당 백화도인 씀

---

1) 서산휴정(西山休靜, 1520-1604) : 조선 스님 휴정은 법명. 성은 完山 崔씨.
자는 玄應 호는 淸虛, 西山. 9,10세에 兩親을 잃고 과거에 落榜하여 지리산에
들어가 경전을 공부하고는 崇仁에게 출가하다. 21세에 靈觀에게 인가를 받고
萬行하다가, 1589년 정여립의 獄事에 無業의 誣告로 체포되었으나 宣祖가 오
히려 상을 내리다. 1592년 義州에서 宣祖의 명으로 都總攝이 되어 義僧 5천
을 인솔하여 倭亂에 대처하다. 후에 金剛 妙香 頭輪山에서 가풍을 선양하다.
묘향산 圓寂庵에 제자들을 모아놓고 설법 뒤에 입적하다. 저서 : 〔禪家龜鑑〕
〔三家龜鑑〕〔淸虛堂集 4권〕〔禪敎釋〕〔禪敎訣〕등.

本文
본문

【本文】有一物於此하니 從本以來로 昭昭靈靈하야 不曾生不曾滅이며 名不得狀不得이로다

【註解】一物者는 何物고 ○
古人이 頌云, 古佛未生前에 凝然一相圓이라 釋迦도 猶未會어니 迦葉이 豈能傳가 하니 此一物之所以不曾生不曾滅이며 名不得狀不得也라

【본문】여기에 한 물건이 있는데, 본래부터 한없이 밝고 신령스러워 일찍이 생겨나지도 않았고 사라지지도 않으며 이름을 붙일 수도 없고 모양 또한 그릴 수 없다.

【주해】한 물건이란 무엇인가? ○

    옛 사람이 송하기를

    옛 부처께서 나시기도 전에 뚜렷이 밝았도다

    석가모니도 몰랐거니 가섭이 전할 수 있겠는가!

이것이 '한 물건'이 일찍이 생겨나지도 않고 일찍이 사라지지도 않으며 이름 붙일 수도 없고 모양을 그릴 수도 없는 까닭이다.

六祖가 告衆云하사대 吾有一物하니 無名無字라 諸
人은 還識否아 하니 神會禪師가 卽出曰. 諸佛之本
源이요 神會之佛性이니다 此所以爲六祖之孼子也라
懷讓禪師가 自嵩山來하니 六祖問曰. 什麽物이 伊
麽來오 師는 罔措라가 至八年에 方自肯曰. 說似一
物이라도 卽不中이니다 此所以爲六祖之嫡子也라

　육조스님이 대중에게 이르기를

　"나에게 한 물건이 있는데 이름도 없고 글자도 없다. 너희들은 알겠는가?" 하니 신회선사가 곧 나와 말하기를 "모든 부처님의 근본이요, 신회의 불성입니다." 이것이 육조의 서자가 된 까닭이다.

　회양선사가 숭산에서 오니 육조 스님이 묻기를

　"무슨 물건이 이렇게 왔는고?" 하니 회양은 어찌할 줄을 모르다가 8년만에야 깨치고 나서 스스로 기꺼워하며 말하기를 "설사 한 물건이라 하여도 맞지 않습니다." 하였으니 이것이 육조의 적자가 된 까닭이다.

【頌】 三敎聖人이 從此句出이니라 誰是擧者오 惜取眉毛어라
삼교성인   종차구출   수시거자   석취미모

【本文】 佛祖出世가 無風起浪이니라
불조출세   무풍기랑

【註解】 佛祖者는 世尊迦葉也요 出世者는 大悲爲體하야 度衆生也라 然이나 以一物觀之則人人面目이 本來圓成커니 豈假他人의 添脂着粉이리오 此가 出世之
불조자 세존가섭야 출세자 대비위체 도중생야 연 이일물관지즉인인면목 본래원성 기가타인 첨지착분 차 출세지

【송】 삼교의 성인이 모두 이 글귀를 쫓아 나왔다.

　누가 다 들어 말하리요, 눈썹이 뽑힐라!

【본문】 부처님과 조사가 세상에 나오심은 마치 바람 없는데 물결을 일으킨 것이다.

【주해】 부처님과 조사는 즉, 석가세존과 가섭존자로 세상에 나오신 것은 대자대비가 바탕이 되어 중생을 건지시려는 것이다.

　그러나 '한 물건'으로써 본다면
사람마다 본래 면목이 저절로 원만히 이루어졌거늘, 어찌하여 남이 연지 찍고 분 발라 주기를 기다리리요!

　그러므로 세상에 나오심은 마치 잔잔한 파도에 물

所以起波浪也라 虛空藏經云. 文字도 是魔業이요
소이기파랑야   허공장경운 문자 시마업

名相도 是魔業이라 至於佛語하여도 亦是魔業이라 함이
명상 시마업   지어불어   역시마업

是此意也라 此는 直擧本分인댄 佛祖도 無功能이라
시차의야 차   직거본분   불조   무공능

【頌】乾坤이 失色이요 日月이 無光이로다
    건곤   실색   일월   무광

【本文】然이나 法有多義하고 人有多機하니 不妨施
     연   법유다의   인유다기   불방시

設이로다
설

  결이 이는 격이다.

    <허공장경>에 이르기를

  "문자도 마의 업이요, 이름과 형상도 마의 업이라, 부처님의 말씀까지도 또한 마의 업이다."

    라고 한 것이 이 뜻이다.

  이것은 본분을 바로 들어 보일 때에는 부처님이나 조사도 아무 소용이 없는 것을 말함이다.

【송】하늘과 땅이 빛을 잃고 해와 달도 어둡구나.

【본문】그러나 법에도 여러 가지 뜻이 있고, 사람에게도 온갖 기질이 있는지라,

    여러 가지 방편을 빌리지 않을 수 없다.

【註解】法者는 一物也요 人者는 衆生也라 法有不變隨緣之義하고 人有頓悟漸修之機라 故로 不妨文字語言之施設也라 此가 所謂官不容針이나 私通車馬也라 衆生이 雖曰圓成이나 生無慧目하야 甘受輪轉故로 若非出世之金鎞면 誰刮無明之厚膜也리오 至於越苦海而登樂岸者가 皆由大悲之恩也라 然

【주해】 법이란 '한 물건'이요, 사람이란 중생이다. 법이란 변하지 않는 이치와 인연을 따르는 이치가 있고, 사람에게는 단박에 깨치는 이와 오래 닦아야 하는 기질이 있으므로, 문자나 말로써 가르치는 방편이 없을 수 없다. 이것이 옛말에 이른바 "공사에는 바늘 끝만큼도 용서할 수 없으나 사적으로는 수레도 오간다."는 것이다. 중생이 비록 원만하게 이루어졌다 하나 천생으로 지혜의 눈이 없어서 윤회를 달게 받는 것이다.

만약 세상에서 뛰어난 금칼이 아니면 누가 무명의 두꺼운 껍질을 벗겨 주리오. 고해를 건너 즐거운 저 언덕에 오르는 것은 다 부처님의 크게 가엾이 여기는

則恒河沙身命으로도 難報萬一也라 此는 廣擧新熏의
感佛祖深恩이니라

【頌】 王登寶殿에 野老謳歌로다

【本文】 强立種種名字하야 或心 或佛 或衆生이라하니
不可守名而生解하고 當體便是니 動念卽乖니라

【註解】 一物上에 强立三名字者는 敎之不得已也요

은혜를 입기 때문이다. 그러므로 한량없는 목숨을 바치더라도 그 은혜의 만분의 일도 갚기 어려운 것이다. 이것은 새로 닦는 이치를 널리 들어 부처님과 조사의 깊은 은혜에 감사하여야 할 것을 말한 것이다.

【송】 임금님이 용상에 오르니 시골 노인이 노래하도다.

【본문】 억지로 여러 가지 이름을 붙여서 마음이다, 부처다, 중생이다 하였으나 이름에 얽매여 분별을 낼 것이 아니다. 다 그대로 옳은 것이다. 그러나 한 생각이라도 일으키게 되면 곧 어그러진다.

【주해】 '한 물건'에 억지로 세 가지 이름을 붙이는 것은 부처님 말씀의 부득이 한 일이요, 이름에 얽매여 알음

不可守名生解者는 亦禪之不得已也라 一擡一
搦하며 旋立旋破는 皆法王法令之自在者也라 此는
結上起下하야 論佛祖事體各別이로다
【頌】久旱에 逢佳雨요 他鄕에 見古人이로다
【本文】世尊이 三處傳心者는 爲禪旨요 一代所說者는
爲敎門이라 故로 曰. 禪是佛心이요 敎是佛語니라

알이를 내지 말라는 것은 선법의 부득이한 일이다.

한 번 들어 보고 한 번 눌러 놓으며, 순간에 세우고, 순간에 깨뜨리는 것이 모두 법왕이 내리는 법령의 자유자재인 것이다.

이것은 위로는 묶고 아래로는 일으켜서 부처님과 조사의 방편이 각각 다른 것을 말한 것이다.

【송】오랜 가뭄에 단비를 내리고 천리 타향에서 친구 만났도다.

【본문】세존께서 세 곳에서 마음을 전하신 것은 선의 뜻이요. 한 평생 말씀하신 것은 교문이니라. 그러므로 선은 부처님의 마음이요. 교는 부처님의 말씀이다.

【註解】 三處者는 多子塔前에 分半座가 一也요 靈山會上擧拈華가 二也요 雙樹下에 槨示雙趺가 三也라 所謂迦葉이 別傳禪燈者가 此也라 一代者는 四十九年間所說五敎也니 人天敎가 一也요 小乘敎가 二也요 大乘敎가 三也요 頓敎가 四也요 圓敎가 五也라 所謂阿難이 流通敎海者가 此也라 然則禪敎

【주해】 세 곳이란 다자탑 앞에서 자리를 절반 나누어 앉으심이 첫째요, 영산회상에서 꽃을 들어 보이심이 둘째요,

사라쌍수 아래에서 관 속으로부터 두 발을 내어 보이심이 셋째이니 이른바 가섭존자가 선(禪)의 등불을 따로 받았다는 것이 바로 이것이다.

부처님 일생에 말씀하신 것이란 49년 동안 말씀하신 다섯 가지 교(敎)인데 첫째는 인천교, 둘째는 소승교, 셋째는 대승교, 넷째는 돈교, 다섯째는 원교이다.

이른바 아난존자가 교의 바다를 널리 통용되게 했다는 것이 이것이다.

之源者는 世尊也요 禪敎之派者는 迦葉阿難也라
지원자   세존야   선교지파자   가섭아난야

以無言으로 至於無言者는 禪也요 以有言으로 至於
이무언   지어무언자   선야   이유언   지어

無言者는 敎也라 乃至心是禪法也요 語是敎法也라
무언자   교야   내지심시선법야   어시교법야

法則雖一味나 見解則天地懸隔이니 此는 辨禪敎
법즉수일미   견해즉천지현격   차   변선교

二途라
이 도

【頌】不得放過하라 草裡橫身하리라
     부득방과   초리횡신

 그러므로 선과 교의 근원은 부처님이시고, 선과 교의 갈래는 가섭존자와 아난존자이다.

 말없음으로써 말 없는 데에 이르는 것은 선이고, 말로써 말 없는 데에 이르는 것은 교이다.

 또한 마음은 선법이고 말은 교법이다.

 법은 비록 한 맛이라도, 뜻은 하늘과 땅만큼 아득히 떨어진 것이니, 이것은 선과 교의 두 길을 가려 놓은 것이다.

【송】 놓아 지내지 마라 풀 속에 쓰러질라.

【本文】是故로 若人이 失之於口則拈花微笑가 皆是教迹이요 得之於心則世間麤言細語가 皆是教外別傳禪旨니라

【註解】法은 無名故로 言不及也요 法은 無相故로 心不及也라 擬之於口者인댄 失本心王也요 失本心王則世尊拈花와 迦葉微笑가 盡落陳言이니 終是死

【본문】그러므로 만약 누구든지 말에서 잃어버리면 꽃을 드신 것이나 방긋 웃는 것이 모두 교의 자취만 될 것이요,

　마음에서 얻으면 세상의 온갖 잡담이라도 모두 교 밖에 따로이 전한 선의 뜻이 될 것이다.

【주해】법은 이름이 없는 것이므로 말로써 미치지 못하고, 법은 모양이 없는 것이므로 마음으로 헤아릴 수도 없다.

　무엇이나 말하여 보려고 한다면 벌써 본바탕 마음을 잃은 것이요, 본바탕 마음을 잃게 되면 부처님께서 꽃을 드신 것이나 가섭존자가 웃은 일이 모두 묵어 썩

物也라 得之於心者는 非但街談이 善說法要라 至
於鸞語라도 深達實相也라 是故로 寶積禪師는 聞
哭聲하고 踊悅身心하며 寶壽禪師는 見諍拳하고 開
豁面目者가 以此也라 此는 明禪敎深淺이라

【頌】 明珠在掌에 弄去弄來로다

【本文】 吾有一言하니 絶慮忘緣하고 兀然無事坐하니

어버린 이야기가 될 것이다.

마음에서 얻은 사람은 장꾼들의 잡담이라도 다 법사의 설법이 될 뿐 아니라, 새소리와 짐승의 울음까지도 참 이치를 바로 말하는 것이 될 것이다.

그러므로 보적선사는 통곡하는 소리를 듣고 깨쳐 춤추고 뛰놀았으며, 보수선사는 거리에서 주먹을 휘두르며 싸우는 것을 보고 참 면목을 깨친 것이 이 까닭이다. 이는 선과 교의 깊고 얕은 것을 밝힌 것이다.

【송】 밝은 구슬을 손에 들고 이리 궁굴 저리 궁굴하는구나.

【본문】 내가 한 마디 말을 할까 한다. 생각을 끊고 반

春來草自靑이로다
춘래초자청

【註解】 絶慮忘緣者는 得之於心也니 所謂閑道人也라
절려망연자 득지어심야 소위한도인야

於戲라 其爲人也가 本來無緣하며 本來無事하야 飢
어희   기위인야   본래무연   본래무사   기
來卽食하고 困來卽眠하며 綠水靑山에 任意逍遙하며
래즉식   곤래즉면   녹수청산   임의소요
漁村酒肆에 自在安閑하야 年代甲子를 總不知하니
어촌주사   자재안한   연대갑자   총부지
春來依舊草自靑이로다 此는 別歎一念廻光者니라
춘래의구초자청   차   별탄일념회광자

연을 쉬고 일 없이 우두커니 앉아 있으니, 봄이 오니 풀이 절로 푸르구나.

【주해】 생각을 끊고 반연을 쉰다는 것은 마음에서 얻은 것을 가르킴이니 이른바 일 없는 도인이다.

아! 그 사람됨이 본래 얽힘 없고 본래 일도 없어 배고프면 밥을 먹고 고단하면 잠을 자네.

녹수 청산에 마음대로 오고 가며 어촌과 주막에 걸림 없이 지내가리. 세월이 가나오나 내 알바 아니언만 봄이 오면 옛날과 다름없이 풀이 푸르구나.

이것은 특별히 한 생각 일어날 때에 돌이켜 살피게 함이다.

【頌】 將謂無人이러니 賴有一個로다
　　　장위무인　　　　뇌유일개

【本文】 敎門은 惟傳一心法하고 禪門은 惟傳見性法이니라
　　　　교문　유전일심법　　　　선문　유전견성법

【註解】 心은 如鏡之體요 性은 如鏡之光이니 性自淸
　　　　심　여경지체　　성　여경지광　　　성자청
淨하니 卽時豁然하면 還得本心이니라 此는 秘重得意
정　　즉시활연　　　환득본심　　　　차　비중득의
一念이니라
일념

【頌】 重重山與水여 淸白舊家風이로다
　　　중중산여수　　청백구가풍

【송】 문득 이르기를, 사람이 없을까 했더니 거기 하나 있구나.

【본문】 교문에는 오직 한 마음에 대한 법만을 전하고, 선문에는 오직 견성 하는 법만을 전하였다.

【주해】 마음은 거울의 바탕과 같고 성품은 거울의 빛과 같은 것이다.

　성품이란 저절로 청정한 것이므로 깨치면 곧 본 마음을 얻는 것이다. 이것은 깨친 한 생각을 중요하게 보인 것이다.

【송】 첩첩이 쌓인 산과 흐르는 물이여 맑고 깨끗한 옛 가풍이로다.

【評釋】心有二種하니 一은 本源心이요 二는 無明取相心也라 性有二種하니 一은 本法性이요 二는 性相相對性也라 故로 禪敎者가 同迷守名生解하야 或以淺爲深하며 或以深爲淺하야 爲觀行大病故로 於此辨之하노라

【本文】然이나 諸佛說經은 先分別諸法하고 後說畢竟

【평석】 마음에 두 가지가 있는데, 하나는 본바탕 마음이요, 다른 하나는 무명의 형상만 취하려는 마음이다.

성품에도 두 가지가 있으니 하나는 근본법 성품이요, 다른 하나는 성품과 모양이 마주 대한 성품이다.

그러나 선을 닦는 이나 교를 배우는 이들이 다 같이 어두워, 이름에만 집착하고 알음알이를 내게 되어 얕은 것도 깊다 하고 혹은 깊은 것도 얕다 하여 공부하는데 큰 병통이 되므로 여기에서 가려 말한 것이다.

【본문】 그러나 부처님께서 말씀하신 경전에는 먼저 모든 법을 가려 보이시고, 나중에 공한 이치를 말씀하셨

空하되 祖師示句는 迹絶於意地하고 理顯於心源이니라
공   조사시구   적절어의지   이현어심원

【註解】諸佛은 爲萬代依憑故로 理須委示요 祖師는
       제불 위만대의빙고   이수위시 조사

在卽時度脫故로 意使玄通이라 迹은 祖師言迹也요
재즉시도탈고   의사현통   적   조사언적야

意는 學者意地也라
의   학자의지야

【頌】胡亂指注라도 臂不外曲이니라
     호란지주   비불외곡

【本文】諸佛은 說弓하시고 祖師는 說絃하시니 佛說無礙
       제불 설궁   조사 설현   불설무애

으며, 조사들의 가르침은 자취가 생각에서 끊어지고, 이치가 마음의 근원에서 드러났다.

【주해】부처님께서는 만대의 스승이 되시므로 어디까지나 자세히 가르치셨고. 조사들은 상대자로 하여금 그 자리에서 곧 해탈하게 하므로 깨치는 데에만 위주하는 것이다. 자취란 조사의 말 자취요, 생각이란 공부하는 이의 생각이다.

【송】함부로 허둥대더라도 팔이 밖으로 굽지 않으리.

【본문】부처님께서는 활같이 말씀하시고 조사들은 활줄같이 말씀하셨다.

　부처님께서 말씀하신 걸림 없는 법이란 바로 한 맛

之法은 方歸一味라 拂此一味之迹하야사 方現祖師
所示一心이니 故로 云, 庭前栢樹子話는 龍藏所未
有底라 하니라

【註解】說弓은 曲也요 說絃은 直也며 龍藏은 龍宮之
藏經也라 僧이 問趙州하되 如何是祖師西來意닛고
州答云, 庭前栢樹子라 하니 此는 所謂格外禪旨也라

에 들어감이라. 이 한 맛의 자취마저 떨쳐버려야 바야흐로 조사가 보인 한 마음이 드러내게 된다.

그러므로 '뜰 앞에 잣나무'라는 화두는 용궁의 장경에도 없다고 말한 것이다.

【주해】 활같이 말씀하셨다는 것은 굽다는 뜻이요, 활줄 같이 말씀하셨다는 것은 곧다는 뜻이며 용궁의 장경이란 것은 용궁에 모셔 둔 대장경이다. 어떤 스님이 조주 스님에게 묻기를

"조사가 서쪽에서 온 뜻이 무엇입니까?"

함에 이에 대답하기를 "뜰 앞에 잣나무이니라." 하였는데 이것이 이른바 격 밖의 선의 뜻이다.

【頌】魚行水濁이요 鳥飛毛落이로다

【本文】故로 學者는 先以如實言敎로 委辨不變隨緣二義가 是自心之性相이며 頓悟漸修兩門이 是自行之始終한 然後에 放下敎義하고 但將自心現前一念하야 參詳禪旨則必有所得하리니 所謂出身活路니라

【송】물고기가 놀면 물이 흐리고 새가 날면 깃이 떨어진다.

【본문】그러므로 배우는 이는 먼저 부처님의 참다운 가르침으로써 변하지 않는 것과 인연에 따르는 두 가지 뜻이 곧 내 마음의 성품과 형상이며, 단박 깨치고, 점점 닦는 그 두 가지 문은 공부의 시작과 끝임을 자세히 가려 안 뒤에, 교의 뜻을 버리고 오로지 그 마음이 뚜렷이 드러난 한 생각으로써 참선한다면 반드시 얻는 바가 있을 것이다.

그것이 뛰쳐나오는 살 길이니라.

【註解】上根大智는 不在此限이나 中下根者는 不可躐等也니라 敎義者는 不變隨緣과 頓悟漸修가 有先有後요 禪法者는 一念中에 不變隨緣과 性相體用이 元是一時라 離卽離非하고 是卽非卽이니 故로 宗師는 據法離言하야 直旨一念 見性成佛耳라 放下敎義者가 以此라

【주해】높은 근기와 큰 지혜가 있는 이는 더 말할 것 없지마는, 중근기 하근기의 보통 사람은 함부로 건너뛰어서는 안된다. 교의 뜻이란 변하지 않은 것과, 인연을 따르는 것, 단박 깨치는 것과 점점 닦는 것이 앞뒤가 있다는 말이요, 선법이란 한 생각 가운데 변하지 않는 것과, 인연을 따르는 것과 성품과 형상과 체와 용이 본래 한때이므로 곧 그것도 아니며 아닌 것까지도 아니나 곧 그것도 되며 아닌 것도 되는 것이다.

그러므로 종사는 법에 의거하되 말을 여의고 바로 한 생각을 가리켜서 성품을 보고 부처가 되게 하는 것이니, 교의 뜻을 버린다는 것이 바로 이것이다.

【頌】明歷歷時에 雲藏深谷이요 深密密處에 日照晴空이로다
　　　명역력시　　운장심곡　　　심밀밀처　　　일조청공

【本文】大抵學者는 須參活句요 莫參死句어다
　　　　대저학자　　수참활구　　막참사구

【註解】活句下에 薦得하면 堪與佛祖爲師요 死句下에 薦得하면 自求도 不了니라 此下는 特擧活句하야 使自悟入이니라
　　　　활구하　　천득　　　감여불조위사　　사구하　　천득　　　자구　　불료　　　차하　　특거활구　　　사자오입

【송】환히 밝은 때에 깊은 골에 구름이 끼고, 그윽하게 고요한 곳 맑은 하늘 해가 떴네.

【본문】대저 배우는 이들은 활구를 참구할 것이요, 사구를 참구하지 말아야 한다.

【주해】활구에서 얻어내면 부처나 조사로 더불어 스승이 될만하고, 사구에서 얻는다면 제 자신도 구하지 못할 것이다.

　이 아래는 특히 활구를 들어 저절로 활구를 깨쳐들어 가도록 하는 것이다.

【頌】 要見臨濟인댄 須是鐵漢이니라

【評釋】 話頭에 有句意二門하니 參句者는 徑截門活句也니 沒心路沒語路하며 無摸索故也요 參意者는 圓頓門死句也니 有理路 有語路하야 有聞解思想故也라

【本文】 凡本參公案上에 切心做工夫하되 如鷄抱卵하며

【송】 임제를 친견하려면 쇠뭉치로 된 놈이라야!

【평석】 화두에 말과 뜻의 두 가지 문이 있으니,

말을 참구한다는 것은 지름길 문을 가르치는 활구니 마음 길이 끊어지고 말 길도 끊어져서 더듬고 만질 수가 없는 때문이요,

뜻을 참구한다는 것은 원돈문의 사구니,

이치의 길도 있고 말의 길도 있어서 들어서 알고 생각할 수 있기 때문이다.

【본문】 무릇 공안을 참구하되

간절한 마음으로 공부하기를 마치 암탉이 알을 품고 있는 것과 같이 하며,

如猫捕鼠하며 如飢思食하며 如渴思水하며 如兒憶
여 묘 포 서   여 기 사 식   여 갈 사 수   여 아 억
母하면 必有透徹之期하리라
모   필 유 투 철 지 기

【註解】 祖師公案이 有一千七百則하니 如狗子無佛
       조 사 공 안   유 일 천 칠 백 칙   여 구 자 무 불
性과 庭前栢樹者와 麻三斤과 乾屎橛之類也라 鷄
성   정 전 백 수 자   마 삼 근   간 시 궐 지 류 야   계
之抱卵은 暖氣相續也요 猫之捕鼠는 心眼이 不動
지 포 란   난 기 상 속 야   묘 지 포 서   심 안   부 동
也요 至於飢思食 渴思水 兒憶母가 皆出於眞心이요
야   지 어 기 사 식 갈 사 수 아 억 모   개 출 어 진 심

고양이가 쥐를 잡을 때와 같이 하며, 주린 사람이 밥을 생각하듯 하며, 목마른 사람이 물을 생각하듯 하며, 어린아이가 엄마를 생각하듯이 하면 반드시 꿰뚫어 사무칠 때가 있을 것이다.

【주해】 조사들의 공안이 1,700 가지나 있는데 '개에게는 불성이 없다'라든지, '뜰 앞에 잣나무'라든지, '마 세 근', '마른 똥 막대기' 같은 것들이다.

닭이 알을 품을 때에는 더운 기운이 늘 지속되고 있으며, 고양이가 쥐를 잡을 때에는 마음과 눈이 움직이지 않게 되고, 주릴 때에 밥 생각하는 것, 목 마를 때에 물 생각하는 것, 어린아이가 엄마를 생각하는 것은

非做作底心故로 云, 切也니 參禪에 無此切心하고
能透徹者가 無有是處니라

【本文】 參禪엔 須具三要니 一은 有大信根이요 二는
有大憤志이요 三은 有大疑情이니 苟闕其一하면 如
折足之鼎하야 終成廢器니라

【註解】 佛云, 成佛者는 信爲根本이라하시고 永嘉云, 修道

모두 진심에서 우러난 것이요, 억지로 지어서 내는 마음이 아니므로 간절하다고 하는 것이다.

 참선하는데 이렇듯 간절한 마음이 없이 깨친다는 것은 있을 수 없는 일이다.

【본문】 참선하는 데는 모름지기 세 가지 요건을 갖추어야 하나니 첫째는 큰 신심이요, 둘째는 큰 분심이요, 셋째는 큰 의심이니 만약 그중에서 하나라도 빠지면 마치 다리 부러진 솥과 같이 소용없는 물건이 되고 말 것이다.

【주해】 부처님께서 말씀하시기를 "성불하는 데에는 믿음이 근본이 된다." 하셨고, 영가스님은 이르기를 "도

者는 先須立志라 하시고 蒙山云, 參禪者는 不疑言句가 是爲大病 又云, 大疑之下에 必有大悟

【本文】 日用應緣處에 只擧狗子無佛性話하되 擧來擧去하며 疑來疑去에 覺得沒理路 沒義路 沒滋味하야 心頭熱悶時가 便是當人 放身命處며 亦是成佛作祖底基本也니라

를 닦는 이는 먼저 뜻을 세워야 한다" 하셨고, 몽산스님은 "참선하는 이가 화두를 의심하지 않는 것이 큰 병이다." 하셨으며,

또 이르시기를 "크게 의심하는 데서 크게 깨친다." 고 하였다.

【본문】 일상생활 속에서 무슨 일을 하면서도 오직 '어찌하여 개에게는 불성이 없다고 했을까?' 한 화두를 끊임없이 들어, 오나가나 계속 생각하고 생각하여 이치의 길이 끊어지고 뜻 길이 사라져 아무 맛도 모르고 마음이 답답할 때가 바로 그 사람의 몸과 목숨을 내던질 곳이며, 또한 부처가 되고 조사가 되는 근본이다.

【註解】僧問趙州하되 狗子還有佛性也無잇가 州云,
無라 하니 此一字子는 宗門之一關이며 亦是摧許多
惡知惡覺底器仗이며 亦是諸佛面目이며 亦是諸祖
骨髓也라 須透得此關然後에 佛祖를 可期也라

【頌】古人頌云, 趙州露刃釼이 寒霜光燄燄이라
擬議問如何하면 分身作兩段하리라

【주해】 어떤 스님이 조주스님께 묻기를 "개에게도 불성이 있습니까? 없습니까?" 하였더니 조주스님은 "무(없다)"하고 대답했다.

 이 한마디는 우리 종문의 한 관문이며, 온갖 못된 지견과 그릇된 알음알이를 꺾어버리는 연장이며, 또한 부처님의 면목이요 조사들의 골수다.

 이 관문을 뚫고 난 뒤라야 부처나 조사가 될 수 있는 것이다.

【송】옛 어른이 송하기를 '조주의 무서운 칼 서릿발처럼 번쩍이네.' 무어라 물을 텐가? 네 몸뚱이가 두 동강 나리!

【本文】話頭를 不得擧起處에 承當하며 不得思量卜度하며 又不得將迷待悟니 就不可思量處하야 思量하면 心無所之가 如老鼠入牛角하야 便見倒斷也리라 又尋常에 計較安排底도 是識情이며 隨生死遷流底도 是識情이며 怕怖慞惶底도 是識情이어늘 今人이 不知是病하고 只管在裡許하야 頭出頭沒하나니라

【본문】화두를 들어 일어키는 곳에서 알아맞히려 하지도 말고, 생각으로 헤아리지도 말며, 또한 깨닫기를 기다리지도 말지니 더 생각할 수 없는 곳에까지 나아가 생각하면 마음이 더 갈 곳이 없어, 마치 늙은 쥐가 소뿔 속으로 들어가다가 잡힐 듯 할 것이다.

또 평소에 이런가 저런가 따지고 맞춰 보는 것이 잘못된 생각이며, 생사를 따라 옮겨 다니는 것이 잘못된 생각이며, 무서워하고 방황하는 것도 또한 잘못된 생각이다.

요즘 사람들은 이 병통을 알지 못하고, 다만 이 속에서 빠졌다 솟았다 할 뿐이다.

【註解】 話頭에 有十種病하니 曰意根下卜度이요 曰揚眉瞬目處垜根이요 曰語路上作活計요 曰文字中引證이요 曰擧起處承當이요 曰颺在無事匣裡요 曰作有無會요 曰作眞無會요 曰作道理會요 曰將迷待悟也라 離此十種病者는 但擧話頭時에 略抖擻精神하야 只疑是個甚麼니라

【주해】 화두를 참구하는 데에 열 가지 병이 있다.

 분별로써 헤아리는 것과, 눈썹을 치켜올리거나 눈을 깜박이는 순간을 붙잡고 있는 것과, 말 길에서 살림살이를 짓는 것과, 글에서 끌어다가 증거를 삼으려는 것과, 들어 일으키는 곳에서 알아 맞히려는 것과, 모든 것을 다 날려 버리고 일 없는 곳에 들어앉아 있는 것과, 있다는 것이나 없다는 것으로 아는 것과, 참으로 없다는 것으로 아는 것과, 도리가 그렇거니 하는 알음알이를 짓는 것과, 조급하게 깨치기를 기다리는 것들이다. 이 열 가지 병을 여의고 오직 화두를 들 때에 정신을 차려 '무슨 뜻일까'하고 의심할 일이다.

【本文】 此事는 如蚊子가 上鐵牛하야 更不問如何若何하고 下嘴不得處에 棄命一攢하면 和身透入이니라

【註解】 重結上意하야 使參活句者로 不得退屈이니 古云, 參禪은 須透祖師關이요 妙悟는 要窮心路絶

【本文】 工夫는 如調絃之法하야 緊緩을 得其中이니 勤則近執着이요 忘則落無明하리니 惺惺歷歷하며 密密

【본문】 이 일은 마치 모기가 무쇠로 된 소에게 덤벼드는 것과 같아서, 함부로 주둥이를 댈 수 없는 곳에 목숨을 떼어놓고 한 번 뚫어보면, 몸뚱이째 들어갈 때가 있을 것이다.

【주해】 위에 말한 뜻을 거듭 다져 활구를 참구하는 이로 하여금 뒷걸음쳐 물러나지 않도록 하려는 것이다.

　옛 어른이 이르기를, "참선을 하려면 조사의 관문을 뚫어야 하고, 오묘한 이치를 깨려면 마음 길을 다 끊어야 한다."고 했다.

【본문】 공부는 거문고의 줄을 고르듯 팽팽하고 느슨함이 알맞아야 한다. 너무 애쓰면 집착하기 쉽고, 잊어

綿綿이니라
면 면

【註解】彈琴者曰, 緩急이 得中한 然後에사 淸音이 普
　　　　탄금자왈　완급　득중　연후　　　청음　보
矣라 하니 工夫도 亦如此하야 急則動血囊하고 忘則入
의　　　　공부　역여차　　급즉동혈낭　　망즉입
鬼窟이니 不徐不疾하야사 妙在其中이니라
귀굴　　　불서부질　　　　묘재기중

【本文】工夫가 到行不知行하며 坐不知坐하면 當此
　　　　공부　도행부지행　　좌부지좌　　　당차
之時하야 八萬四千魔軍이 在六根門頭何候라가
지시　　팔만사천마군　　재육근문두하후

버리면 무명에 떨어지게 된다. 오직 성성하고 역력하게 하면서도 차근차근 끊임없이 하여야 한다.

【주해】거문고를 타는 자가 말하기를 "그 줄의 느슨하고 팽팽함이 알맞은 뒤라야 아름다운 소리가 잘 난다."고 한다. 공부하는 것도 이와 같이 조급히 하면 혈기를 올리게 될 것이고, 잊어버리면 흐리멍텅하여 귀신의 소굴로 들어가게 된다.

느리지도 않고 빠르지도 않게 되면 오묘한 이치가 바로 그 가운데 있을 것이다.

【본문】공부가 걸어가면서도 걷는 줄 모르고, 앉아도 앉는 줄 모르게 되면, 이때 8만 4천 마군의 무리가 육

隨心生設하나니 心若不起하면 爭如之何리요
수심생설   심약불기   쟁여지하

【註解】魔軍者는 樂生死之鬼名也요 八萬四千魔
       마군자   낙생사지귀명야   팔만사천마
軍者는 乃衆生八萬四千煩惱也라 魔本無種이나
군자   내중생팔만사천번뇌야   마본무종
修行失念者가 遂派其源也라 衆生은 順其境故로
수행실념자   수파기원야   중생   순기경고
順之하고 道人은 逆其境故로 逆之하나니 故로 云, 道
순지   도인   역기경고   역지   고   운 도
高魔盛也라 하니라 禪定中에 或見孝子而斫股하며
고마성야   선정중   혹견효자이작고

근 문 앞에 지키고 있다가 마음을 따라 온갖 생각이 들고 일어날 것이다. 그러나 마음이 움직이지 않는다면 무슨 상관이 있으랴.

【주해】마군이란 생사를 즐기는 귀신의 이름이요, 8만 4천 마군이란 중생의 8만 4천 번뇌다.

마가 본래 씨가 없지만, 수행하는 이가 바른 생각을 잃는데서 그 근원이 파생되는 것이다.

중생은 그 환경에 순종하므로 탈이 없고, 도인은 그 환경에 역행하므로 마가 대들게 된다. 그래서 "도가 높을수록 마가 성하다."고 하는 것이다.

선정 가운데서 상주를 보고 제 다리를 찍으며, 혹

或見猪子而把鼻者는 亦自心起見하야 感此外魔
也니라 心若不起則種種伎倆이 翻爲割水吹光也라
故云, 壁隙風動이요 心隙魔侵이라하니라

【本文】起心은 是天魔요 不起心은 是陰魔요 或起或不
起는 是煩惱魔니 然이나 我正法中엔 本無如是事니라

【註解】大抵忘機는 是佛道요 分別은 是魔境이라

은 돼지를 보고 제 코를 쥐기도 하는 것이, 모두 자기 마음에서 망상을 일으켜 외부의 마를 보게 되는 것이다. 그러나 마음이 움직이지 않는다면 마의 온갖 재주가 도리어 물을 베려는 것이나 빛을 불어 버리려는 격이 되고 말 것이다.

옛말에 "벽에 틈이 생기면 바람이 들어오고, 마음에 틈이 생기면 마가 들어온다."고 하였다.

【본문】일어나는 마음은 천마요, 일지 않는 마음은 음마요, 일기도 하고 일지 않기도 하는 것은 번뇌마이다. 그러나 바른 법 가운데에는 본래 그런 일이 없다.

【주해】대체로 무심한 것이 불도요, 분별하는 것은 마

然이나 魔境은 夢事어니 何勞辨詰이리오
연   마경   몽사   하로변힐

【本文】工夫가 若打成一片則縱今生에 透不得이라도
      공부   약타성일편즉종금생   투부득
眼光落地之時에 不爲惡業所牽이니라
안광낙지지시   불위악업소견

【註解】業者는 無明也요 禪者는 般若也라 明暗不相
      업자   무명야   선자   반야야   명암불상
敵은 理固然也니라
적   이고연야

【本文】大抵參禪者는 還知四恩이 深厚麽아 還知四
      대저참선자   환지사은   심후마   환지사

의 일이다. 마의 일이란 꿈 가운데 일인데 더 길게 말할 것이 무엇이랴.

【본문】 공부가 만일 한 조각을 이룬다면 비록 금생에 깨치지 못하더라도 마지막 눈 감을 적에 악업에 이끌리지는 않을 것이다.

【주해】 업이란 무명이요, 선은 지혜다. 밝은 것과 어두운 것이 서로 맞설 수 없는 것은 당연한 이치이다.

【본문】 대저 참선하는 이는 네 가지의 은혜가 깊고 두터운 것을 알고 있는가? 네 가지 요소로 구성된 더러운 이 몸이 순간순간 죽어가는 것을 알고 있는가? 사람의 목숨이 숨 한 번에 달린 것을 알고 있는가? 일찍

大醜身이 念念衰朽麼아 還知人命이 在呼吸麼아
대추신   념념쇠휴마   환지인명   재호흡마

生來値遇佛祖麼아 及聞無上法하고 生希有心麼아
생래치우불조마   급문무상법   생희유심마

不離僧堂하고 守節麼아 不與隣單으로 雜話麼아 切
불리승당   수절마   불여인단   잡화마   절

忌鼓扇是非麼아 話頭가 十二時中에 明明不昧麼아
기고선시비마   화두   십이시중   명명불매마

對人接話時에 無間斷麼아 見聞覺知時에 打成一
대인접화시   무간단마   견문각지시   타성일

片麼아 返觀自己하야 捉敗佛祖麼아 今生에 決定
편마   반관자기   착패불조마   금생   결정

　이 부처님이나 조사 같은 이를 만나고서도 그대로 지나쳐 버리지 않았는가? 또 거룩한 무상 법문을 듣고서도 기쁜 생각을 잠시라도 잊어버리지 않았는가?

　공부하는 곳을 떠나지 않고 수도인다운 절개를 지키고 있는가? 곁에 있는 사람과 쓸데없는 잡담이나 하고 지내지 않는가? 분주하게 시비를 일삼고 있지나 않은가? 화두가 십이시중 어느 때나 똑똑히 들리고 있는가? 남과 이야기하고 있을 때에도 화두가 끊임없이 되는가? 보고 듣고 알아차릴 때에도 한 조각을 이루고 있는가? 자기의 공부를 돌아볼 때 부처님과 조사를 붙잡을 만한가? 금생에 기필코 부처님의 지혜를 이을 수

續佛慧命麼아 起坐便宜時에 還思地獄苦麼아 此
속 불 혜 명 마   기 좌 편 의 시   환 사 지 옥 고 마   차
一報身이 定脫輪廻麼아 當八風境하야 心不動麼아
일 보 신   정 탈 윤 회 마   당 팔 풍 경   심 부 동 마
此是參禪人의 日用中點檢底道理니라 古人云, 此
차 시 참 선 인   일 용 중 점 검 저 도 리   고 인 운   차
身不向今生度하면 更待何生度此身이리요 하니라
신 불 향 금 생 도   갱 대 하 생 도 차 신

【註解】四恩者는 父母君師施主恩也요 四大醜身
　　　　사 은 자   부 모 군 사 시 주 은 야   사 대 추 신
者는 父之精一滴과 母之血一滴者니 水大之濕也요
자   부 지 정 일 적   모 지 혈 일 적 자   수 대 지 습 야

있을까? 앉고 눕고 편안할 때에 지옥의 고통을 생각하는가?

이 육신으로 윤회를 벗어날 수 있는가? 여덟 가지 바람이 불어올 때에도 마음이 움직이지 않는가?

이것이 참선하는 이들의 일상생활 속에서 때때로 점검해야 할 도리이다.

옛 어른이 말씀하시기를 "이 몸을 이때 못 건지면 다시 어느 세상에서 건질 것인가!"

【주해】'네 가지 은혜'란 부모와 나라와 스승과 시주의 은혜이고, '네 가지로 된 더러운 몸'이란 아버지의 정수 한 방울과 어머니의 피 한 방울이 물의 젖은 기운이요,

精爲骨 血爲皮者는 地大之堅也요 精血一塊不
정위골 혈위피자 지대지견야 정혈일괴불
腐不爛者는 火大之暖也요 鼻孔先成하야 通出入
부불란자 화대지난야 비공선성   통출입
息者는 風大之動也라 阿難曰 欲氣麤濁하야 腥臊
식자 풍대지동야 아난왈 욕기추탁   성조
交遘라 하니 此所以醜身也라 念念衰朽者는 頭上
교구   차소이추신야 념념쇠후자 두상
光陰이 刹那不停하니 面自皺而髮自白이라 如云
광음 찰나부정   면자추이발자백   여운
今旣不如昔하니 後當不如今이라 此無常之體也라
금기불여석   후당불여금   차무상지체야

　정수는 뼈가 되고 피가 가죽이 된 것은 땅의 단단한 기운이며, 정기와 피의 한 덩어리가 썩지도 않고 녹아 버리지도 않는 것은 불의 더운 기운이요, 콧구멍이 먼저 뚫려 숨이 통하는 것은 바람의 움직임이다.

　아난존자가 말하기를 "정욕이 거칠고 흐려서 더럽고 비린 것이 어울려 뭉쳐진다."한 데서 더러운 몸이라고 부르게 된 것이다.

　순간순간 썩어간다는 것은 세월이 잠시도 쉬지 않아 얼굴은 저절로 주름살이 잡히고 머리털은 어느새 희어가니, 옛말에 "지금은 이미 옛모습 아니네, 옛날에 어찌 지금 같았을까?"한 바와 같이 과연 덧없는

然이나 無常之鬼가 以殺爲戱하니 實念念可畏也라
연 무상지귀 이살위희 실념념가외야
呼者는 出息之火也요 吸者는 入息之風也라 人命
호자 출식지화야 흡자 입식지풍야 인명
寄托이 只在出入息也라 八風者는 順逆二境也라
기탁 지재출입식야 팔풍자 순역이경야
地獄苦者는 人間六十劫이 泥犁一晝夜니 鑊湯爐
지옥고자 인간육십겁 니려일주야 확탕로
炭과 劒樹刀山之苦가 口不可形言也라 人身難
탄 검수도산지고 구불가형언야 인신난
得이 甚於海中之鍼故로 於此에 愍而警之하노라
득 심어해중지침고 어차 민이경지

몸이 아닌가. '덧없는 귀신'이란 죽이는 것으로써 오락을 삼으므로 정말 순간순간이 무서울 뿐이다.

 날숨은 불기운이요, 들숨은 바람 기운이므로, 사람의 목숨은 오로지 들이쉬고 내쉬는 숨에 달린 것이다. '여덟 가지 바람'이란 대체로 마음에 맞는 것과 거슬리는 두 가지 경계이다. '지옥의 고통'이란 인간의 60겁이 지옥의 하루가 되는데, 쇳물이 끓고 숯불이 튀고 칼산과 창숲에 끌려 다니는 고생은 이루 다 말할 수 없는 것이다. 사람의 몸으로 다시 태어나기란 마치 바다에 떨어진 바늘을 찾기보다도 어렵기 때문에 불쌍히 여기어 일깨운 것이다.

禪家龜鑑

【評釋】上來法語는 如人飮水에 冷暖自知라 聰明이
  상래법어   여인음수   냉난자지   총명
不能敵業이요 乾慧가 未免苦輪이니 各須察念하야
부능적업   간혜   미면고륜   각수찰념
勿以自謾하라
물이자만

【本文】學語之輩는 說時似悟나 對境還迷하니 所謂
  학어지배   설시사오 대경환미   소위
言行이 相違者也라
언행   상위자야

【註解】此는 結上自謾之意라 言行이 相違하니 虛實을
  차   결상자만지의   언행   상위   허실

【평석】 위에 말한 법문은

마치 사람이 물을 마실 때 차고 더운 것을 제 스스로 알 뿐이므로,

총명함이 능히 업의 힘을 막을 수 없고,

마른 지혜로도 고통스런 윤회를 면할 수 없음을 가리킴이다.

  각자 살피고 생각하여 스스로 속지 말아야 한다.

【본문】 말을 배우는 사람들은 말할 때에는 깨친듯하다가도 실지 경계에 당하게 되면 그만 아득하게 된다.

  이른바 말과 행동이 서로 다르다는 것이다.

【주해】 이것은 위에서 말한 '스스로 속는다.'는 뜻을 맺

可辨이라
가 변

【本文】 若欲敵生死인댄 須得這一念子를 爆地一破하야사
약 욕 적 생 사   수 득 저 일 념 자   폭 지 일 파

方了得生死니라
방 요 득 생 사

【註解】 爆地는 打破漆桶聲이라 打破漆桶然後에 生
폭 지   타 파 칠 통 성   타 파 칠 통 연 후   생

死可敵也라 諸佛因地法行者는 只此而已라
사 가 적 야   제 불 인 지 법 행 자   지 차 이 이

【本文】 然이나 一念者를 爆地一破然後에 須訪明師하야
연   일 념 자   폭 지 일 파 연 후   수 방 명 사

는 말이다.

　말과 행동이 같지 않고야 무슨 소용이 있으랴!

【본문】 만일 생사를 막아내려 한다면 반드시

이 한 생각을 탁 깨뜨려야만

비로소 나고 죽음에서 벗어나게 될 것이다.

【주해】 '탁!' 하는 것은 새까만 칠통을 깨뜨리는 소리이

다. 칠통을 깨뜨려야 생사를 끊을 수 있다.

　모든 부처님께서 인지(因地)에서 닦아 가신 것이

오로지 이것일 뿐이다.

【본문】 그러나 한 생각을 깨친 뒤에라도

반드시 밝은 스승을 찾아가 눈이 바른가를 점검해 보

決擇正眼이니라
결택정안

【註解】此事는 極不容易하니 須生慚愧하야사 始得다
차사 극불용이 수생참괴 시득

道如大海하야 轉入轉深이니 愼勿得少爲足하라 悟
도여대해 전입전심 신물득소위족 오

後에 若不見人則醍醐上味가 翻成毒藥하리라
후 약불견인즉제호상미 번성독약

【本文】古德이 云 只貴子眼正이요 不貴汝行履處라하니라
고덕 운 지귀자안정 불귀여행리처

【註解】昔에 仰山이 答潙山問云, 涅槃經四十卷이
석 앙산 답위산문운 열반경사십권

아야 한다.

【주해】이 일은 결코 쉽지 않으니 모름지기 부끄러운 생각을 내야 한다. 도(道)란 큰 바다와 같아서 들어갈수록 더욱더 깊어가는 것이니, 작은 것을 얻어 가지고 만족하지 말라. 깨친 뒤에 밝은 스승을 만나지 못하면 제호와 같은 좋은 맛이 도리어 독약이 될지도 모른다.

【본문】옛 어른이 말씀하시기를

"다만 자네의 눈이 바른 것만 귀하게 여길 따름이지, 자네의 행실을 보려고 하지 않네."라고 하였다.

【주해】옛날 위산스님의 물음에 대해 앙산이 대답하기를 "열반경 40권이 모두 마군의 말입니다."

總是魔說이라 하니 此가 仰山之正眼也라 仰山이 又
問行履處한대 潙山이 答曰, 只貴子眼正云云하니
此所以先開正眼而後에 說行履也라 故로 云, 若
欲修行인댄 先須頓悟라 하니라

【本文】願諸道者는 深信自心하야 不自屈不自高니라

【註解】此心이 平等하야 本無凡聖이라 然이나 約人하면

하였으니, 이것이 앙산의 바른 눈이다. 이번에는 앙산이 행실에 대해 묻자 위산스님은

"자네의 눈 바른 것만 귀하게 여길 뿐이지, 자네의 행실은 보려고 하지 않네."

라고 했다. 바른 눈을 뜬 뒤에 행실을 말하게 되는 까닭이 여기에 있다. 그러므로 참된 수행을 하려면 먼저 모름지기 몰록 깨쳐야 한다.

【본문】바라건대 공부하는 사람들은 자기 마음을 깊이 믿어, 스스로 굽히지도 말고 높이지도 말아야 한다.

【주해】이 마음은 평등하여 본래 범부와 성인이 따로 없다. 이치는 그렇지만 사람에게는 어두운 이와 깨친

有迷悟凡聖也라 因師激發하야 忽悟眞我가 與佛
無殊者는 頓也니 此는 所以不自屈이라 如云, 本來
無一物也라 因悟斷習하야 轉凡成聖者는 漸也라
此는 所以不自高라 如云, 時時勤拂拭也라 屈者는
敎學者病也요 高者는 禪學者病也라 敎學者는 不
信禪門에 有悟入之秘訣하고 深滯權敎하야 別執眞

이가 있고 범부와 성인이 있다. 스승의 가르침을 받아 문득 참 내가 부처와 조금도 다름이 없음을 깨치는 것은 이른바 '단박 깨침'이다. 그러므로 스스로 굽히지 말 것이니 저 "본래 아무것도 없다."고 한 말이 그것이다. 깨친 뒤에 익힌 버릇을 끊어 가면서 범부를 고쳐 성인이 되는 것은 이른바 '점점 닦아 간다'고 하는 것이다. 그러므로 스스로 높이지도 말 것이니 저 "부지런히 떨고 닦으라."고 한 말이 이것이다. 굽히는 것은 교를 배우는 이의 병통이고, 높이는 것은 참선하는 이의 병통이다. 교를 배우는 이들은 참선문 안에 깨쳐 들어가는 비밀한 법이 있는 것을 믿지 않고, 방편으로

妄하야 不修觀行하고 數他珍寶故로 自生退屈也라
망   불수관행   수타진보고   자생퇴굴야

禪學者는 不信敎門에 有修斷之正路하야 染習이
선학자 불신교문 유수단지정로   염습

雖起나 不生慚愧하고 果級이 雖初나 多有法慢故로
수기 불생참괴   과급 수초 다유법만고

發言이 過高也라 是故로 得意修心者는 不自屈不
발언 과고야 시고 득의수심자 부자굴부

自高也니라
자고야

【評釋】不自屈不自高者는 略擧初心의 因該果海
       부자굴부자고자 약거초심   인해과해

가르친 데에 깊이 걸려 참과 거짓을 따로 집착해 가지고 관행을 닦지 않고 남의 보배만 세게 되므로 스스로 뒷걸음치고 있는 것이다. 그리고 참선하는 이는 교문에 닦고 끊어가는 좋은 길이 있음을 믿지 않고, 물든 마음과 익힌 버릇이 일어날지라도 부끄러운 줄 모르며, 공부의 정도가 유치하면서도 법에 대한 거만한 생각이 많기 때문에 그 말하는 품이 무턱대고 교만한 것이다. 그러므로 옳게 배워 마음을 닦은 사람은 굽히지도 않고 높이지도 않는다.

【평석】스스로 굽히지도 말고 높이지도 말라는 것은, 첫 마음 낼 때에 벌써 씨 안에 열매가 다 갖추어 있다

則 雖信之一位也나 廣擧菩薩의 果徹因源則 五
즉 수신지일위야   광거보살   과철인원즉 오
十五位也니라
십오위야

【本文】迷心修道하면 但助無明이니라
     미심수도   단조무명

【註解】悟若未徹인댄 修豈稱眞哉리요 悟修之義는
     오약미철   수기칭진재   오수지의
如膏明이 相賴하며 目足이 相資니라
여고명   상뢰   목족   상자

【本文】修行之要는 但盡凡情이언정 別無聖解니라
     수행지요   단진범정   별무성해

는 점에서 본다면 부처의 자리, 한 자리뿐인 것을 믿어야 하겠지만, 차별문에 나아가서 보살의 열매가 씨의 근원에 사무친 것을 널리 들어, 말하자면 55위가 분명히 있는 것이다.

【본문】미혹한 마음으로 도를 닦는다는 것은 오직 무명만을 도와줄 뿐이다.

【주해】철저히 깨치지 못했다면 어찌 참되게 닦을 수 있으랴. 깨친 것과 닦는 것은 마치 기름과 불이 서로 따르고, 눈과 발이 서로 돕는 것과 같다.

【본문】수행의 알맹이는 다만 범부의 생각을 떨어지게 할 뿐이지 따로 성인의 알음알이가 있을 수 없다.

【註解】病盡藥除하면 還是本人이니라
병진약제　　　환시본인

【本文】不用捨衆生心이요 但莫染汚自性하라 求正法이 是邪니라
불용사중생심　　　단막염오자성　　　구정법　시사

【註解】捨者求者가 皆是染汚也니라
사자구자　개시염오야

【本文】斷煩惱가 名二乘이요 煩惱不生이 名大涅槃이니라
단번뇌　명이승　　번뇌불생　명대열반

【註解】斷者는 能所也요 不生者는 無能所也니라
단자　능소야　불생자　무능소야

【주해】 병이 없어져 약조차 쓰지 않는다면 앓기 전 그 사람이 아니겠는가.

【본문】 중생의 마음을 버릴 것 없이 다만 제 성품을 더럽히지 말라.

　　바른 법을 찾는 것이 곧 바르지 못한 일이다.

【주해】 버리고 찾음이 다 더럽히는 일이다.

【본문】 번뇌를 끊는 것은
이승(二乘)이고,
번뇌가 일어나지 않는 것이 큰 열반이다.

【주해】 끊는 것은 하는 것(能)과 되는 바(所)가 벌어지는데, 일어나지 않는 것은 함도 됨도 없다.

禪家龜鑑

【本文】須虛懷自照하야 信一念緣起無生이어다
　　　　수 허 회 자 조　　신 일 념 연 기 무 생

【註解】此는 單明性起라
　　　　차　단 명 성 기

【本文】諦觀殺盜淫妄이 從一心上起하면 當處便寂이니 何須更斷이리요
　　　　체 관 살 도 음 망　종 일 심 상 기　　당 처 변 적　　하 수 갱 단

【註解】此는 雙明性相이라
　　　　차　쌍 명 성 상

【評釋】經云, 不起一念이 名爲永斷無明이요 又云,
　　　　경 운　불 기 일 념　명 위 영 단 무 명　　우 운

【본문】 모름지기 마음을 비우고 스스로 비추어 보아, 한 생각 인연따라 일어나는 것이 사실은 일어남이 없음을 믿어야 한다.

【주해】 이것은 단지 성품이 일어나는 것을 밝힌 것이다.

【본문】 죽이고 도둑질하고 음행하고 거짓말하는 것이 다 한 마음에서 일어나는 것임을 자세히 살펴보라.
　그 일어나는 곳이 비어 없는데 무엇을 다시 끊을 것인가.

【주해】 여기에서는 성품과 형상을 함께 밝힌 것이다.

【평석】 경에 말씀하시기를 "한 생각 일어나지 않음을

念起卽覺
염기즉각

【本文】知幻卽離라 不作方便이요 離幻卽覺이라 亦無漸次니라
　　　　지환즉리　　부작방편　　　이환즉각　　　역무점차

【註解】心爲幻師也요 身爲幻城也라 世界는 幻衣也요 名相은 幻食也니 至於起心動念과 言妄言眞이 無非幻也니라 又無始幻無明이 皆從覺心生이라 幻幻이
　　　　심위환사야　신위환성야　　세계　 환의야　 명상　 환사야　 지어기심동념　 언망언진　 무비환야　　 우무시환무명　 개종각심생　　 환환

무명을 영원히 끊는다고 이름한다"하였고, "생각이 일어나면 곧 깨달으라"하였다.

【본문】환상인 줄 알면 곧 여읜 것이라. 더 방편을 지을 것이 없고, 환상을 여의면 곧 깨친 것이라 또한 닦아 갈 것도 없다.

【주해】마음은 환상을 만드는 요술쟁이(幻師)이다.

　몸은 환상의 성(城)이고, 세계는 환상의 옷이며, 이름과 형상은 환상의 밥이다. 그뿐 아니라 마음을 내고 생각을 일으키는 것, 거짓이라 참이라 하는 어느 것 하나 환상 아닌 것이 없다. 시작도 없는 아득한 환상 같은 무명이 다 본 마음에서 나온 것이다. 환상은 실

如空華하니 幻滅하면 名不動이라 故로 夢瘡求醫者가
여공화   환멸   명부동   고   몽창구의자
寤來에 無方便이라 知幻者도 亦如是니라
오래   무방편   지환자   역여시

【本文】 衆生이 於無生中에 妄見生死涅槃이 如見空
        중생   어무생중   망견생사열반   여견공
花起滅이요
화기멸

【註解】 性本無生故로 無生涅也요 空本無花故로 無
        성본무생고   무생열야   공본무화고   무
起滅也라 見生死者는 如見空花起也요 見涅槃者는
기멸야   견생사자   여견공화기야   견열반자

체가 없는 허공의 꽃과 같으므로 환상이 없어지면 그 자리가 곧 부동지이다. 그러므로 꿈에 병이 나서 의사를 찾던 사람이 잠을 깨면 근심 걱정이 사라지듯, 모든 것이 환상인 줄 아는 사람도 또한 그러리라.

【본문】 중생이 나는 것 없는 가운데서 망령되게 생사와 열반을 보는 것이 마치 허공에서 꽃이 서물거리는 것을 보는 것과 같다.

【주해】 성품에는 본래 나는 것이 없으므로 생사와 열반이 없고, 허공에도 본래부터 아무것도 없으므로 서물거릴 것이 없다. 생사가 있는 줄로 아는 것은 허공에 꽃이 일어나는 것을 보는 것과 같고, 열반이 있는

如見空花滅也니라 然이나 起本無起요 滅本無滅이라
於此二見에 不用窮詰이니 是故로 思益經云, 諸佛出
世가 非爲度衆生이요 只爲度生死涅槃二見耳라 하니라

【本文】 菩薩이 度衆生入滅度나 又實無衆生이 得滅
度니라

【註解】 菩薩은 只以念念으로 爲衆生也니 了念體空

줄로 아는 것은 허공에 꽃이 스러지는 것을 보는 것과 같다. 그러나 일어나도 일어남이 없고 스러져도 스러짐이 없는 것이므로 이 두 가지 견해에 대해서는 더 따질 것이 없다. 그러므로 <사익경>에 말하기를
 "부처님께서 세상에 나오심은 중생을 건지기 위해서가 아니라, 오로지 생사와 열반의 두 가지 견해를 건지기 위해서다"라고 하였다.

【본문】 보살이 중생을 건져 열반에 들게 했다 할지라도 사실은 열반을 얻은 중생이 없는 것이다.

【주해】 보살은 오로지 중생에 대한 생각뿐이다. 생각의 바탕이 빈 것임을 알아내는 것이 곧 중생을 건지

者는 度衆生也요 念旣空寂者는 實無衆生得滅度
자 도중생야 념기공적자 실무중생득멸도
也니라 此上은 論信解라
야   차상 논신해

【本文】理雖頓悟나 事非頓除니라
     이수돈오 사비돈제

【註解】文殊는 達天眞하고 普賢은 明緣起하니 解似電
     문수 달천진 보현 명연기 해사전
光이나 行同窮子라 此下는 論修證이라
광   행동궁자 차하 논수증

【本文】帶婬修禪은 如蒸沙作飯이요 帶殺修禪은 如
     대음수선 여증사작반 대살수선 여

는 것이다. 생각이 이미 비어버리고 그 마음이 고요하다면 사실 건질 중생이 따로 없다. 이상은 믿음과 깨침을 말한 것이다.

【본문】 이치는 단박 깨칠 수 있다 하더라도 버릇은 한꺼번에 가시어지지 않는다.

【주해】 문수보살은 천진(天眞)에 이르렀고, 보현보살은 인연따라 일어나는 이치를 밝히었다. 알기는 번갯불 같아도 행동은 어린애 같은 것이다. 이 아래는 닦는 것과 깨치는 것을 말한다.

【본문】 음란하면서 참선하는 것은 모래를 쪄서 밥을 지으려는 것 같고, 살생하면서 참선하는 것은 제 귀를 막고 소

塞耳叫聲이요 帶偷修禪은 如漏巵求滿이요 帶妄修
색이규성   대투수선   여누치구만   대망수
禪은 如刻糞爲香이니 縱有多智라도 皆成魔道니라
선   여각분위향   종유다지   개성마도

【註解】 此는 明修行軌則이니 三無漏學也라 小乘은
       차   명수행궤칙   삼무루학야   소승
稟法爲戒하야 粗治其末이요 大乘은 攝心爲戒하야
품법위계   조치기말   대승   섭심위계
細絶基本이니 然則法戒는 無身犯이요 心戒는 無思
세절기본   연즉법계   무신범   심계   무사
犯也라 婬者는 斷淸淨하고 殺者는 斷慈悲하고 盜者는
범야   음자   단청정   살자   단자비   도자

리를 지르는 것 같으며, 도둑질하면서 참선하는 것은 새는 그릇에 가득 차기를 바라는 것 같고, 거짓말하면서 참선하는 것은 똥으로 향을 만들려는 것과 같다. 이런 것들은 비록 많은 지혜가 있더라도 다 악마의 길을 이룰 뿐이다.

【주해】 이것은 수행의 법칙인데 세 가지 무루학을 밝힌 것이다. 소승은 법을 받아 지키는 것으로 계율을 삼기 때문에 대충 그 끝을 다스리게 되고, 대승은 마음을 거두는 것으로써 계율을 삼기 때문에 자세히 그 뿌리를 끊는다. 그러므로 법으로 지키는 계율은 몸으로 범하는 일이 없을 것이고, 마음으로 지키는 계율은 생각으로 범하는 일까지도 없는 것이다. 음란한 것은 깨끗한 성품을

斷福德하고 妄者는 斷眞實也라 能成智慧하야 縱得
단 복 덕   망 자 단 진 실 야   능 성 지 혜   종 득
六神通이라도 如不斷殺. 盜. 婬. 妄則必落魔道하야
육 신 통   여 부 단 살   도   음   망 즉 필 낙 마 도
永失菩提正路矣리라
영 실 보 리 정 로 의
此四戒는 百戒之根故로 別明之하야 使無思犯也라
차 사 계   백 계 지 근 고 별 명 지   사 무 사 범 야
無憶日戒요 無念日定이요 莫妄日慧라 又戒爲捉
무 억 왈 계 무 념 왈 정   막 망 왈 혜   우 계 위 착
賊이요 定爲縛賊이요 慧爲殺賊이라 又戒器完固하야사
적   정 위 박 적   혜 위 살 적   우 계 기 완 고

끊고, 살생하는 것은 자비스런 마음을 끊으며, 도둑질하는 것은 복과 덕을 끊고, 거짓말하는 것은 진실을 끊는다. 지혜를 이루어 여섯 가지 신통을 얻었다 할지라도 만약 살생과 도둑질과 음행과 거짓말하는 일을 끊지 않는다면, 반드시 악마의 길에 떨어져 영영 보리의 바른 길을 잃을 것이다. 이 네 가지 계율은 모든 계율의 근본이므로 따로 밝히어 생각으로라도 범함이 없도록 한 것이다. 생각하지 않는 것을 계율이라 하고, 생각이 없는 것을 선정(禪定)이라 하며, 어리석지 않는 것을 지혜라 한다. 다시 말하자면, 계율은 도둑을 잡는 것이고, 선정은 도둑을 묶어 놓는 것이며, 지혜는 도둑을 죽여버리는

定水澄清하야 慧月方現이니 此三學者는 實爲萬法
정영징청　　　혜월방현　　　차삼학자　　실위만법
之源故로 特明之하야 使無諸漏也니라 靈山會上에
지원고　　특명지　　　사무제루야　　　영산회상
豈有無行佛이며 少林門下에 豈有妄語祖리요
기유무행불　　　소림문하　　기유망어조

【本文】無德之人은 不依佛戒하며 不護三業하고 放逸
　　　　무덕지인　　불의불계　　　불호삼업　　　방일
懈怠하야 輕慢他人하며 較量是非로 而爲根本하나니
해태　　　경만타인　　　교량시비　　이위근본

【註解】一破心戒하면 百過俱生이니라
　　　　일파심계　　　백과구생

것이다. 또한 계의 그릇이 온전하고 튼튼해야 선정의 물이 맑게 고이고, 따라서 거기에 지혜의 달이 나타나게 된다. 이 삼학(三學)은 참으로 만법의 근원이 되므로 특별히 밝히어 온갖 새어 흐르는 일이 없게 한 것이다. 영산회상에 어찌 함부로 지내는 부처가 있었으며 소림문하에 어찌 거짓말하는 조사가 있었으랴.

【본문】덕이 없는 사람들은 부처님의 계율에 의지하지 않고 삼업(三業)을 지키지 않는다. 함부로 놀아 게을리 지내며, 남을 깔보아 따지고 시비하는 것을 일삼고 있다.

【주해】한 번 마음의 계율을 깨뜨리면 온갖 허물이 함께 일어난다.

【評釋】如此魔徒가 末法에 熾盛하야 惱亂正法하리니
學者는 詳之니라

【本文】若不持戒하면 尙不得疥癩野干之身이온대
況淸淨菩提果를 可冀乎아

【註解】重戒如佛하면 佛常在焉이라 須草繫鵝珠로
以爲先導니라

【평석】이처럼 마군의 떼들이
말법에 불붙듯 일어나
바른 법을 어지럽게 하므로
공부하는 사람들은 잘 알아두어야 할 것이다.

【본문】만약 계행이 없으면 비루먹은 여우의 몸도 받지 못한다는데, 하물며 청정한 지혜의 열매를 바랄 수 있겠는가.

【주해】계율 존중하기를 부처님 모시듯 한다면 부처님이 항상 곁에 계시는 거나 다를 바 없다.

모름지기 풀에 매어 있고 거위를 살리던 옛일로써 본보기를 삼아야 할 것이다.

【本文】欲脫生死인댄 先斷貪欲과 及除愛渴이니라

【註解】愛爲輪廻之本이요 欲爲受生之緣이라 佛云, 婬心不除하면 塵不可出이라 하시고 又云, 恩愛一縛着하면 牽人入罪門이라 하시니라 渴者는 情愛之至切也라

【本文】無碍淸淨慧가 皆因禪定生이라

【註解】超凡入聖하야 坐脫立亡者는 皆禪定之力也니라

【본문】생사에서 벗어나려면 먼저 탐욕을 끊고 애욕의 불꽃을 꺼버려야 한다.

【주해】애정은 윤회의 기본이 되고 욕심은 몸을 받는 인연이 된다. 부처님이 이르시기를 "음탕한 마음을 끊지 못하면 티끌 속에서 나올 수 없다." 하셨고 또한 "애정이 한 번 얽히게 되면 사람을 끌어다가 죄악의 문에 쳐넣는다."고 하셨다. 애욕의 불꽃이란 애정이 너무 간절하여 불붙듯 함을 말한 것이다.

【본문】걸림 없는 청정한 지혜란 다 선정에서 나온다.

【주해】범부에서 뛰어나 성현의 지위에 들어 가며, 앉아 벗고 서서 가는 것이 모두 선정의 힘이라.

故로 云. 欲求聖道인댄 離此無路라 하니라
고 운 욕구성도 이 차 무 로

【本文】心이 在定則能知世間生滅諸相하나니라
심 재정즉능지세간생멸제상

【註解】虛隙日光에 纖埃擾擾하고 淸潭水底에
허극일광 섬애요요 청담수저

影像昭昭니라
영상소소

【本文】見境心不起가 名不生이요 不生이 名無念이요
견경심불기 명불생 불생 명무념

無念이 名解脫이니라
무념 명해탈

그러므로 옛 어른이 이르기를

"거룩한 길을 찾으려면 이 길밖에 없다."

고 한 것이다.

【본문】마음이 정에 들면 세간의 일어났다 사라졌다 하는 모든 일을 다 밝게 알 수 있다.

【주해】햇살 쏘이는 문틈에 티끌 고물거리고, 맑고 고요한 물에 온갖 그림자가 또렷이 보인다.

【본문】어떤 현실을 당해서도 마음이 흔들리지 않는 것을 나지 않음이라 하고,

나지 않는 것을 생각 없음이라 하며, 생각이 없는 것을 해탈이라 한다.

【註解】戒也定也慧也가 擧一具三이요 不是單相이니라

【本文】修道證滅이 是亦非眞也요 心法이 本寂하야사 乃眞滅也니라 故로 曰, 諸法從本來로 常自寂滅相이라 하니라

【註解】眼不自見이니 見眼者는 妄也라 故로 妙首는 思量하고 淨名은 杜默하니라 以下는 散擧細行이라

【주해】계율이나 선정이나 지혜가, 하나를 들면 셋이 갖추어 있는 것이어서 홑으로 된 것이 아니다.

【본문】도를 닦아 열반을 얻는다면 이것은 참이 아니다. 마음이 본래 고요한 것임을 알아야 이것이 참 열반이다.

그러므로 "모든 법이 본래부터 늘 그대로 열반이다."라고 하신 것이다.

【주해】자기 눈은 자기가 볼 수 없는 것인데, 자기 눈을 본다면 그것은 거짓이다. 그러므로 문수보살은 생각으로 헤아리고 유마힐은 말이 없었다.

이 아래는 세세한 행동을 낱낱이 들까 한다.

【本文】貧人이 求乞커든 隨分施與하라 同體大悲가 是
眞布施니라

【註解】自他爲一日同體요 空手來 空手去가 吾家
活計라

【本文】有人이 來害어든 當自攝心하야 勿生瞋恨하라
一念瞋心起하면 百萬障門開니라

【본문】가난한 이가 와서 구걸하거든 분수대로 나누어 주라.

　한 몸처럼 가엾이 여기면 이것이 참 보시니라.

【주해】나와 남이 둘 아닌 것이 한 몸이다.

　빈손으로 왔다 빈손으로 가는 것이 우리들의 살림살이 아닌가.

【본문】누가 와서 해롭게 하더라도 마음을 거두어 성내거나 원망하지 말아야 한다.

　한 생각 성내는 데에 백만 가지 장애의 문이 열린다.

【註解】煩惱雖無量이나 瞋慢이 爲甚이라 涅槃云, 塗割에 兩無心이라하니라 瞋如冷雲中에 霹靂起火來니라

【本文】若無忍行하면 萬行不成이니라

【註解】行門이 雖無量이나 慈忍이 爲根源이라 古德云, 忍心은 如幻夢이요 辱境은 若龜毛라 하시니라

【本文】守本眞心이 第一精進이니라

【주해】번뇌가 한량없다 하지만 성내는 것이 더하다. <열반경>에 이르기를 "창과 칼로 찌르거나 향수와 약을 발라 주더라도 두 가지에 다 무심하라."하였다. 우리들이 성내는 것은 흰 구름 속에서 번갯불이 번쩍이는 것과 같다.

【본문】만약 참는 일이 없으면 보살의 육도만행도 이루어질 수 없을 것이다.

【주해】닦아가는 길이 한량없지만 자비와 인욕이 근본이 된다. 고덕이 이르되 "참는 마음이 꼭두각시의 꿈이라면 욕보는 현실은 거북이의 털 같으니라."하시니라.

【본문】본바탕 천진한 마음을 지키는 것이 첫째가는 정진이다.

【註解】若起精進心하면 是妄이요 非精進이라 故로 云,
莫妄想莫妄想하라 하니라 懈怠者는 常常望後하나니
是自棄人也니라

【本文】持呪者는 現業은 易制라 自行可違어니와 宿業은
難除라 必借神力이니라

【註解】摩登의 得果가 信不誣矣라 故로 不持神呪하고

【주해】만약 정진할 생각을 일으킨다면 이것은 망상이지 정진이 아니다.

그러므로 이르기를 "망상하지 말라. 망상하지 말라!"한 것이다.

게으른 사람은 늘 뒤만 돌아보는데, 이런 사람은 스스로 자신을 포기하고 있는 것이다.

【본문】진언을 외는 것은, 금생에 지은 업은 비교적 다스리기 쉬워서 자기 힘으로도 고칠 수 있지만, 전생에 지은 업은 지워버리기 어려우므로 반드시 신비한 힘을 빌리려는 것이다.

【주해】마등가가 법의 열매를 맺는 것은 거짓말이 아

遠離魔事者는 無有是處니라
원리마사자　무유시처

【本文】禮拜者는 敬也요 伏也니 恭敬眞性하고 屈伏
　　　　예배자　　경야　　복야　　공경진성　　　굴복
無明이니라
무명

【註解】身口意가 淸淨하면 則佛出世니라
　　　　신구의　　청정　　　즉불출세

【本文】念佛者는 在口曰誦이요 在心曰念이니 徒誦
　　　　염불자　　재구왈송　　　재심왈염　　　도송
失念하면 於道無益이니라
실념　　　어도무익

니다. 그러므로 신기로운 주문을 외지 않고 마군의 장애를 피하기란 어렵다.

【본문】예배란 공경하는 것이며 굴복하는 것이다.

　참된 성품을 공경하고 무명을 굴복시키는 일이다.

【주해】몸과 말과 생각이 함께 청정하면
그것이 곧 부처님의 나타나심이다.

【본문】염불이라 하지만 입으로 하면 송불(誦佛)이고 마음으로 할 때 비로소 염불이 된다.

　입으로만 부르고 마음으로 생각하지 않으면 도를 닦는 데에 무슨 소용이 될 것인가!

【註解】阿彌陀佛六字法門이 定出輪廻之捷徑也라
心則緣佛境界하야 憶持不忘하고 口則稱佛名號하야
分明不亂이니 如是心口相應이 名曰念佛이니라.

【評釋】五祖云, 守本眞心이 勝念十方諸佛이라하시고
六祖云, 常念他佛은 不免生死라 守我本心이 卽
到彼岸이라 又云, 佛向性中作이요 莫向身外求니라.

【주해】 '나무아미타불' 여섯 자 법문은 윤회를 벗어나는 지름길이다. 마음으로는 부처님의 세계를 생각하여 잊지 말고, 입으로는 부처님의 명호를 똑똑히 불러 헷갈리지 말아야 한다. 이처럼 마음과 입이 서로 합치되는 것이 염불이다.

【평석】 오조스님이 이르시길 "자신의 참마음을 지키는 것이 시방세계의 부처님들을 생각하는 것보다 낫다."고 하셨다. 육조스님은 "딴 부처님만 생각하면 생사를 면하지 못한다. 자기의 본심을 지켜야 곧 저쪽 기슭(彼岸)에 이른다."하셨고 또한 "부처는 자기 성품 속에서 이룰 것이지 자기 밖에서 구하지 말라."고도 하셨다.

又云, 迷人은 念佛求生하고 悟人은 自淨其心이라
又云, 大抵衆生이 悟心自度요 佛不能度衆生云
云이라 하시니 如上諸德이 直指本心하고 別無方便 方將
一法便逞諸根하니 理實如是나 然이나 迹門에 實有
極樂世界阿彌陀佛하야 發四十八大願하니 凡念十
聲者는 承此願力하야 往生蓮胎하야 徑脫輪廻라 三

"어리석은 사람은 염불하여 극락세계에 나고자 하지만, 깨친 사람은 그 마음을 스스로 깨끗이 할 뿐이다."

"중생이 마음을 깨쳐 스스로 건지는 것이지, 부처님이 중생을 건져 주는 것은 아니다."라고 하셨다. 위에 말씀한 여러 어른들은 본심(本心)을 바로 가르친 것이고 딴 방편은 없었다. 이치대로 말한다면 참으로 그렇지만, 현상으로는 극락세계가 확실히 있고, 아미타불의 48원(四十八願)이 분명히 있었다.

그러므로 누구나 열 번만 염불하는 이는 그 원의 힘으로 연꽃 탯속에 가서 나고 쉽사리 윤회에서 벗어난다는 것을, 삼세의 부처님들이 다 같이 말씀하시고, 시

世諸佛이 異口同音이요 十方菩薩이 同願往生이라
又況古今往生之人이 傳記에 昭昭하니 願諸行者는
愼勿錯認하고 勉之勉之어다 梵語에 阿彌陀는 此云
無量壽니 亦云無量光이라 十方三世第一佛號也라
因名은 法藏比丘니 對世自在王佛하야 發四十八
願云, 我作佛時에 十方無央數世界諸天人民으로

방 세계의 보살들도 모두 그곳에 태어나기를 원한 것이다. 더구나 옛날이나 지금이나 극락세계에 왕생한 사람들의 행적이 분명하게 전해 오고 있으니 공부하는 이들은 아예 잘못 알지 말고 힘쓰고 힘써야 한다.

범어(梵語)의 아미타(阿彌陀 Amita)는 우리말로 '끝없는 목숨(無量壽)' 또는 '끝없는 빛(無量光)'이란 뜻으로, 시방 삼세에 첫째가는 부처님의 명호며, 그 수행시의 이름은 법장비구(法藏比丘)였다.

세자재왕(世自在王) 부처님 앞에서 48가지 원을 세우고 말하기를 "제가 성불할 때에는 시방 세계의 무수한 하늘과 인간들은 더 말할 것도 없고, 작은 벌레까

以至蜎飛蝡動之流히 念我名十聲者는 必生我刹
이지연비연동지류 염아명십성자 필생아찰
中하리라 不得是願하면 終不成佛云云하시고 先聖云, 唱
중 부득시원 종불성불운운 선성운 창
佛一聲에 天魔喪膽하며 名除鬼簿하야 蓮出金池라하고
불일성 천마상담 명제귀부 연출금지
又懺法에 云, 自力他力이 一遲一速이니 欲越海者가
우참법 운 자력타력 일지일속 욕월해자
種樹作船은 遲也니 比自力也요 借船越海는 速也니
종수작선 지야 비자력야 차선월해 속야
比佛力也라
비불력야

지도 제 이름을 열 번만 부르면 반드시 저의 세계에 와서 나게 하여지이다. 만약 이 원이 이루어지지 못한다면 저는 성불하지 않겠습니다 ……."라고 하였다.

옛 어른이 말씀하시기를 "염불 한 소리에 악마들은 간담이 서늘해지고, 그 이름이 저승의 문서에서 지워지며 연꽃이 금못에서 나온다." 하셨으며,

또한 〈참법〉에 이르기를 "자기의 힘과 남의 힘이 하나는 더디고 하나는 빠르다. 바다를 건너 가려는 사람이 나무를 심어 배를 만들려면 더딜 것이니 그것은 자기 힘에 비유한 것이고, 남의 배를 빌려 바다를 건넌다면 빠를 것이니 그것은 부처님의 힘에 비유한 것이다."

又曰, 世間稚兒가 追於水火하야 高聲大叫則父母
聞之하고 急走救援하나니 如人이 臨命終時에 高聲
念佛則佛具神通이라 決定來迎爾라
是故로 大聖의 慈悲가 勝於父母也요 衆生의 生死가
甚於水火也라 有人이 云, 自心이 淨土라 淨土에 不
可生이요 自性이 彌陀라 彌陀는 不可見이라하니 此言이

또한

"어린애가 물이나 불에 쫓기어 큰 소리로 부르짖게 되면 부모들이 듣고 급히 뛰어와 구원하는 것과 같이 사람이 임종할 때에 큰 소리로 염불하면,

부처님은 신통을 갖추었으므로 반드시 오셔서 맞아갈 것이다.

부처님의 자비는 부모보다 더 지극하고,

중생의 나고 죽는 고통은 물이나 불의 피해보다도 더 심하다."라고 하셨다.

어떤 사람이 말하기를 "자기 마음이 정토(淨土)인데 새삼스레 정토에 가서 날 것이 무엇이며, 자기 성

似是而非也라 彼佛은 無貪無瞋이라 我亦無貪瞋
사 시 이 비 야   피 불   무 탐 무 진   아 역 무 탐 진
乎아 彼佛은 變地獄作蓮花가 易於反掌이라 我則
호   피 불   변 지 옥 작 연 화   이 어 반 장   아 즉
以業力으로 常恐自墮於地獄하나니 況變作蓮花乎아
이 업 력   상 공 자 타 어 지 옥   황 변 작 연 화 호
彼佛은 觀無盡世界가 如在目前이어니와 我則隔壁
피 불   관 무 진 세 계   여 재 목 전   아 즉 격 벽
事도 猶不知온 況見十方世界가 如目前乎아
사   유 부 지   황 견 시 방 세 계   여 목 전 호
是故로 人人이 性則雖佛이나 而行則衆生이니 論其
시 고   인 인   성 즉 수 불   이 행 즉 중 생   논 기

품이 아미타불인데 따로 아미타불을 보려고 애쓸 것이 무엇인가?"라고 한다. 이 말이 옳은 것 같지만 사실은 그렇지 않다. 저 부처님은 탐하거나 성내는 일이 없는데, 그럼 나도 탐하거나 성내지 않는가?

저 부처님은 지옥을 연화세계로 바꾸기를 손바닥 뒤집는듯 하는데 나는 죄업으로 지옥에 떨어질까 겁만 내면서도 그걸 바꾸어 연화세계가 되게 한단 말인가?

저 부처님은 한량없는 세계를 눈앞에 놓인 듯 보시는데, 우리는 담 바깥 일도 모르면서 어떻게 시방 세계를 눈앞에 본단 말인가. 그러므로 사람마다 성품은 비록 부처이지만 실지 행동은 중생인 것이다. 그 이치와 현

相用인댄 天地懸隔이라 圭峰이 云, 設實頓悟나 終
상용   천지현격   규봉   운 설실돈오   종
須漸行이라하니 誠哉라 是言也여 然則寄語自性彌
수점행   성재   시언야   연즉기어자성미
陀者하노니 豈有天生釋迦와 自然彌陀耶아 須自忖
타자   기유천생석가   자연미타야   수자촌
量하면 豈不自知리오
량   기불자지
臨命終時生死苦際에 定得自在否아 若不如是인댄
임명종시생사고제   정득자재부   약불여시
莫以一時貢高로 却致永劫沈墮어다 又馬鳴龍樹가
막이일시공고   각치영겁침타   우마명용수

실을 말한다면 하늘과 땅 사이처럼 아득한 것이다.

　규봉선사가 말씀하시기를 "가령 단박 깨쳤다 할지라도 결국은 점차로 닦아가야 한다."고 하였으니 참으로 옳은 말씀이다. 그러면, 자기 성품이 아미타불이라는 사람에게 말해보자. 어찌 천생으로 된 석가여래와 자연히 생긴 아미타불이 있을 것인가. 스스로 헤아려 보면 저절로 알게 될 것이다.

　임종을 당해 숨 끊어지는 마지막 큰 고통이 일어날 때에 꼭 자유자재하게 될 성싶은가? 만약 그렇지 못하다면 한때에 배짱을 부리다가 길이 악도에 떨어지지 말아야 할 것이다. 또한 마명보살이나 용수보살이

悉是祖師로되 皆明垂言敎하야 深勸往生하니 我何
人哉완대 不欲往生고 又佛自云하사대 西方이 去此
遠矣라 十萬(十惡) 八千(八邪)이라하시니 此爲鈍根
說相也라 又云하사대 西方이 去此不遠이라 卽心(衆
生) 是佛(彌陀)이라하시니 此爲利根說性也라 敎有權
實하고 語有顯密하니 若解行相應者인댄 遠近俱通

다 조사(祖師)이지만 분명히 말씀하여 왕생의 길을 간절히 권했거늘, 나는 어떤 사람이기에 왕생을 부정하는가. 부처님께서 친히 말씀하시기를

"서방정토가 여기에서 멀어 10만(10악) 8천(8사) 국토를 지나가야 한다."고 하신 것은 둔한 사람들을 위해 현실만을 말씀하신 것이고, 어떤 때에는 "정토가 여기에서 멀지 않다." "마음(중생)이 곧 부처(아미타불)다."라고도 하신 것은 총명한 사람들을 위해 성품을 가르치신 것이다.

교문에는 권도(權道=방편)와 실상이 있고, 말씀에는 드러남과 비밀이 있다. 아는 것과 행하는 것이 일

也라 故로 祖師門下에 亦有或喚阿彌陀佛者(慧
야   고   조사문하   역유혹환아미타불자 혜
遠)하며 或喚主人公者(瑞巖)하니라
원   혹환주인공자 서암

【本文】 聽經은 有經耳之緣과 隨喜之福이라 幻軀는
       청경   유경이지연   수희지복   환구
有盡이나 實行은 不亡이니라
유진   실행   불망

【註解】 此는 明智學이니 如食金剛하야 勝施七寶라 壽
       차   명지학   여식금강   승시칠보   수
師云, 聞而不信이라도 尙結佛種之因하고 學而不
사운 문이불신   상결불종지인   학이불

치된 이는 멀고 가까움이 두루 통하게 될 것이다.

    그러므로 조사의 문하에도 혜원처럼 아미타불을 부른 이가 있고, 서암처럼 주인공을 부른 이도 있었다.

【본문】 경을 들으면 귀를 거치는 인연도 있게 되고 따라서 기뻐하는 복도 짓게 된다. 물거품 같은 이 몸은 다할 날이 있지만 진실한 행동은 헛되지 않는다.

【주해】 이것은 슬기롭게 배우는 것을 밝힌 것이니, 마치 금강석을 먹는 것과 같으며 칠보를 받아 가진 것보다도 더 낫다. 영명 연수선사가 말하기를 "듣고 믿지 않더라도 부처의 종자가 심어진 것이고, 배워서 이루지 못하더라도 인간이나 천상의 복을 능가할 것

成이라도 猶盖人天之福이라
【本文】看經은 若不向自己上做工夫하면 雖看盡萬藏이라도 猶無益也니라
【註解】此는 明愚學이니 如春禽晝啼하고 秋虫夜鳴이라 密師云, 識字看經이 元不證悟요 銷文釋義가 唯熾貪瞋邪見

이다."라고 하였다.

【본문】 경을 보되 자기 마음속으로 돌이켜 봄이 없다면 비록 팔만대장경을 다 보았다 할지라도 소용이 없을 것이다.

【주해】 이것은 어리석게 공부함을 깨우친 말이니, 마치 봄날에 새가 지저귀고 가을밤에 벌레가 우는 것처럼 아무 뜻도 없는 것이다.

    종밀선사가 이르기를 "글자나 알고 경을 보는 것으로는 원래 깨칠 수 없는 것이며, 글귀나 새기고 말뜻이나 풀어보는 것은 탐욕이나 부리고 성을 내며 못된 소견만 더 일으키게 한다."고 하였다.

【本文】學未至於道하고 衒耀見聞하야 徒以口舌辯
학미지어도   현요견문   도이구설변
利로 相勝者인댄 如厠屋塗丹雘이니라
리 상승자   여측옥도단호

【註解】別明末世愚學이라 學本修性이어늘 全習爲人하니
별명말세우학   학본수성   전습위인
是誠何心哉아
시성하심재

【本文】出家人이 習外典하면 如以刀割泥하야 泥無
출가인   습외전   어이도할니   니무
所用이요 而刀自傷焉이니라
소용   이도자상언

【본문】공부가 도를 이루기 전에 남에게 자랑하려고, 한갓 말재주만 부려 서로 이기려고 한다면 변소에 단청하는 격이 되고 말 것이다.

【주해】말세에 어리석게 공부하는 것을 특별히 일깨우는 말이다.

　공부란 본래 제 성품을 닦는 것인데, 어떤 사람은 남에게 보이기 위해 하고 있으니 이 무슨 생각일까!

【본문】출가한 사람이 외전을 공부하는 것은 마치 칼로 흙을 베는 것 같아서, 흙은 아무 소용도 없는데 칼만 망가지게 된다.

【註解】門外長者子가 還入火宅中이로다
문 외 장 자 자　 환 입 화 택 중

【本文】出家爲僧이 豈細事乎아 非求安逸也며 非求溫飽也며 非求利名也라 爲生死也며 爲斷煩惱也며 爲續佛慧命也며 爲出三界度衆生也니라
출 가 위 승　 기 세 사 호　 비 구 안 일 야　 비 구 온 포 야　 비 구 이 명 야　 위 생 사 야　 위 단 번 뇌 야　 위 속 불 혜 명 야　 위 출 삼 계 도 중 생 야

【註解】可謂衝天大丈夫로다
가 위 충 천 대 장 부

【本文】佛云, 無常之火가 燒諸世間이라하고 又云, 衆
불 운　 무 상 지 화　 소 제 세 간　　　　 우 운　 중

【주해】문 밖에 나와 놀던 장자네 아이들이 불 붙는 집 안으로 도로 들어가는구나.

【본문】출가하여 스님 되는 것이 어찌 작은 일이랴! 편하고 한가함을 구해서가 아니며, 따뜻이 입고 배불리 먹으려고 한 것도 아니며, 명예와 재물을 구하려는 것도 아니다. 나고 죽음을 면하려는 것이며, 번뇌를 끊으려는 것이고, 부처님의 지혜를 이으려는 것이며, 삼계에서 뛰어나 중생을 건지기 위해서인 것이다.

【주해】하늘을 찌를 대장부라 이를 만하다.

【본문】부처님께서 말씀하시기를 "덧없는 불꽃이 온 세상을 살라버린다."고 하셨고, 또 "중생들의 고뇌의 불이 사방에서 함께 불타고 있다."고 하셨고 "모든

禪家龜鑑

生苦火가 四面俱焚이라하며 又云, 諸煩惱賊이 常伺
생 고 화   사 면 구 분   우 운 제 번 뇌 적   상 사
殺人하나니 道人은 宜自警悟하야 如救頭燃이어다
살 인   도 인   의 자 경 오   여 구 두 연

【註解】身有生老病死하고 界有成住壞空하고 心有
      신 유 생 노 병 사   계 유 성 주 괴 공   심 유
生住異滅하니 此無常苦火가 四面俱焚者也라 謹白
생 주 이 멸   차 무 상 고 화 사 면 구 분 자 야 근 백
參玄人하노니 光陰을 莫虛度하라
참 현 인   광 음   막 허 도

【本文】貪世浮名하면 枉功勞形이요 營求世利하면 業
      탐 세 부 명   왕 공 로 형   영 구 세 리   업

번뇌의 도둑이 항상 너희들을 죽이려고 엿보고 있다."고도 하셨다. 그러므로 수도인은 마땅히 스스로 깨우쳐 머리에 붙은 불을 끄듯 해야 할 것이다.

【주해】몸에는 생·노·병·사가 있고, 세계에는 이루어지고 지속되고 파괴되고 없어져 버리는 것이 있으며, 마음에는 일어나고 머물고 변해가고 사라져 버리는 것이 있다. 바로 이것이 덧없는 고뇌의 불이 사방에서 함께 불타고 있다는 것이다. 진리를 찾는 사람들이여, 부디 세월을 헛되이 보내지 말라.

【본문】세상의 뜬 이름을 탐하는 것은 쓸데없이 몸만 괴롭게 하는 것이요, 세상의 이익을 애써서 구하는

火加薪이니라
화 가 신

【註解】貪世浮名者는 有人詩에 云, 鴻飛天末迹留沙하고 人去黃泉名在家라 營求世利者는 有人時에 云, 採得百花成蜜後에 不知辛苦爲誰甛고 枉功勞形者는 鑿氷雕刻이니 不用之巧也라 業火加薪者는 麤弊色香이 致火之具也라

것은 업의 불에 땔나무를 더 보태는 격이다.

【주해】 세상의 뜬 이름에 탐한다는 것은 어떤 사람의 시에 이렇게 말하고 있다. "기러기 하늘 멀리 날아갔는데 발자취는 모래 위에 지워지지 않고, 사람들은 저승으로 갔다는데 그 이름 아직도 집에 남아 있네." 또 세상의 이익을 따라 헤맨다는 것은, 어떤 사람의 시에 이렇게 적혀 있다. "꽃마다 찾으면서 애써 꿀을 모았는데 가만 앉아 입 다신 이는 그 누구일까." 쓸데없이 몸만 괴롭게 한다는 것은, 마치 얼음을 조각하여 예술품을 만들려는 것과 같이 소용없는 짓이다. 그리고 업의 불에 땔나무를 더 보탠다는 것은, 거칠고 더러운 빛깔이나 향기에 싸인 온갖 물건들이 실은 욕심의 불을 일으키는 재료 밖에 아무것도 아니라는 말이다.

【本文】名利衲子는 不如草衣野人이니라
명 리 납 자   불 여 초 의 야 인

【註解】唾金輪入雪山은 千世尊의 不易之軌則이니
타 금 륜 입 설 산   천 세 존   불 역 지 궤 칙

末世羊質虎皮之輩가 不識廉恥하고 望風隨勢하며
말 세 양 질 호 피 지 배   불 식 염 치   망 풍 수 세

陰媚取寵하니 噫라 其懲也夫인저 心染世利者는 阿
음 미 취 총   회   기 징 야 부   심 염 세 리 자   아

附權門하야 趨走風塵타가 返取笑於俗人하나니 此衲
부 권 문   추 주 풍 진   반 취 소 어 속 인   차 납

子以羊質로 證此多行이라
자 이 양 질   증 차 다 행

【본문】이름과 재물을 따르는 납자는 풀 속에 묻힌 시골 사람만도 못하다.

【주해】제왕의 자리도 침 뱉고 설산에 들어가신 것은 부처님이 천분 나실지라도 바뀌지 않을 법칙인데, 말세에 양의 바탕에 범의 껍질을 쓴 무리들이 염치도 없이 바람을 타고 세력에 휩쓸려 아첨하고 잘 보이려고만 애쓰니, 아! 그 버릇을 언제 고칠까. 마음이 세상 명리에 물든 사람은 권세의 문에 아부하다가 풍진에 부대끼어 도리어 세속 사람들의 웃음거리만 되고 만다.

 이런 납자를 양의 바탕에 비유한 것은 그럴만한 여러 가지 행동이 있기 때문이다.

【本文】佛이 云하사대 云何賊人이 假我衣服하고 稗販如來하야 造種種業고하시니라

【註解】末法比丘가 有多般名字하니 或鳥鼠僧이며 或啞羊僧이며 或禿居士이며 或地獄滓며 或被袈裟賊이니 噫라 其所以以此니라 稗販如來者는 撥因果排罪福하며 沸騰身口하야 迭起愛憎하니 可謂愍也라

【본문】부처님께서 이르시기를 "어찌하여 도둑들이 내 옷을 꾸며 입고, 부처를 팔아 온갖 나쁜 업을 짓고 있느냐!"라고 통탄하셨다.

【주해】말세의 비구에게 여러 가지 이름이 있는데, '박쥐승'이라고도 하고, 또는 '벙어리 염소승'이라고도 하며 '머리깎은 거사', '지옥 찌꺼기', '가사 입은 도둑'이라고도 하는 것은 바로 이런 까닭이다. 부처님을 판다는 것은, 인과를 믿지 않고 죄와 복도 없다 하며 원래대로 물 끓듯 업을 짓고, 사랑과 미움을 쉴새 없이 일으키는 것이니, 참으로 가엾은 일이다. 승도 아닌 체 속인도 아닌 체하는 자를 '박쥐승'이라 하고, 혀를 가지고도 설

避僧避俗曰鳥鼠요 舌不說法曰啞羊이요 僧形俗
心曰禿居士요 罪重不遷曰地獄滓요 賣佛營生曰
被袈裟賊이니 以被袈裟賊으로 證此多名이라

【本文】於戱라 佛子여 一衣一食이 莫非農夫之血이요
織女之苦어늘 道眼이 未明하면 如何消得이리요

【註解】傳燈에 一道人이 道眼이 未明故로 身爲木菌하야

법하지 못하는 자를 '벙어리 염소승'이라 하며, 승의 모양에 속인의 마음을 쓰는 자를 '머리깎은 거사'라 하고, 지은 죄가 하도 무거워 움짝할 수 없는 자를 '지옥 찌꺼기'라 하며, 부처님을 팔아 살아가는 자를 '가사 입은 도둑'이라 한다. 가사를 입은 도둑이기 때문에 이와 같은 여러 가지 이름을 얻게 된 것이다.

【본문】아, 불자여! 그대의 한 그릇 밥과 한 벌 옷이 곧 농부들의 피요, 직녀들의 땀이거늘, 도의 눈이 밝지 못하고야 어떻게 삭여 낼 것인가.

【주해】<전등록>에 써 있기를 "옛날 어떤 수도인은 도의 눈이 밝지 못한 탓으로 죽어서 버섯이 되어 시

以還信施하니라
이 환 신 시

【本文】故로 曰, 要識披毛戴角底麼아 卽今虛受信施者是니 有人은 未飢而食하며 未寒而衣하니 是誠何心哉아. 都不思目前之樂이 便是身後之苦也로다
고 왈 요식피모대각저마 즉금허수신시자시 유인 미기이식 미한이의 시성하심재 도불사목전지락 변시신후지고 야

【註解】智論에 一道人이 五粒粟으로 受牛身하야 生償筋骨하고 死還皮肉하니 虛受信施가 報應이 如響이니라
지론 일도인 오립속 수우신 생상근골 사환피육 허수신시 보응 여향

주의 은혜를 갚았다."고 하였다.

【본문】그러므로 말하기를 "털을 쓰고 뿔을 이고 있는 것이 무엇인 줄 아는가? 그것은 오늘날 신도들이 주는 것을 공부하지 않으면서 거저먹는 그런 부류들의 미래상이다."라고 했다. 그런데 어떤 사람들은 배고프지 않아도 먹고 춥지 않아도 더 입으니 무슨 심사일까. 참으로 딱한 일이다. 눈앞의 쾌락이 후생에 괴로움인 줄을 도무지 생각지 않는구나.

【주해】<지도론>에 이르기를 "한 수도인은 다섯 낱알 좁쌀 때문에 소가 되어, 살아서는 뼈가 휘도록 일해주고 죽어서는 가죽과 살로 빚을 갚았다."고 했다.

【本文】故로 曰, 寧以熱鐵로 纏身이언정 不受信心人
衣요. 寧以洋銅灌口언정 不受信心人食이요. 寧以鐵
鑊投身이언정 不受信心人房舍等이라하니라

【註解】梵網經에 云, 不以破戒之身으로 受信心人의
種種供養과 及種種施物이니 菩薩이 若不發是願
則得輕垢罪니라

　한 번 남의 신세를 져 놓으면 이렇듯 갚지 않을 수가 없는 것이다.

【본문】그래서 "차라리 뜨거운 철판을 몸에 두를지언정 신심 있는 이가 주는 옷을 입지 말며, 쇳물을 마실지언정 신심 있는 이가 주는 음식을 먹지 말고, 차라리 끓는 가마솥으로 뛰어들지언정 신심 있는 이가 지어 주는 집에 거처하지 말라."고 한 것이다.

【주해】<범망경>에 말하기를 "파계한 몸으로 신심 있는 이가 베푸는 온갖 공양과 물건을 받지 않겠다고 마음 먹어라. 보살이 만약 이와 같은 원을 세우지 않으면 경구죄(輕垢罪)를 범하게 된다."라고 하였다.

【本文】故(고)로 曰(왈), 道人(도인)은 進食(진식)을 如進毒(여진독)하고 受施(수시)를 如受箭(여수전)이니 幣厚言甘(폐후언감)은 道人所畏(도인소외)니라

【註解】進食(진식)을 如進毒者(여진독자)는 畏喪其道眼也(외상기도안야)요 受施(수시)를 如受箭者(여수전자)는 畏失其道果也(외실기도과야)니라

【本文】故(고)로 曰(왈), 修道之人(수도지인)은 如一塊磨刀之石(여일괴마도지석)이니 張三也來磨(장삼야래마)하며 李四也來磨(이사야내마)하야 磨來磨去(마래마거)에 別人刀(별인도)는

【본문】그러므로 말하기를 "수도인은 음식을 먹을 때에 독약을 먹는 것 같이 하고 시주의 보시를 받을 때에는 화살을 받는 것과 같이 하라."고 한 것이다.

　두터운 대접과 달콤한 말을 수도인으로서는 두려워해야 한다.

【주해】음식 먹기를 독약 먹듯 하라는 말은 도의 눈을 잃을까 두려워해서이고, 보시 받기를 화살 받듯 하라는 말은 도의 열매를 잃을까 두려워해서인 것이다.

【본문】그러므로 말하기를

　"도를 닦는 이는 한 개의 숫돌과 같아서, 장 서방이 와서 갈고 이 서방이 갈아 가면, 남의 칼은 잘 들

快하고 而自家石은 漸消라 然이나 有人은 更嫌他人이
쾌   이자가석   점소   연   유인   갱혐타인
不來我石上磨하나니 實爲可惜이로다
불래아석상마   실위가석
【註解】如此道人은 平生所向이 只在溫飽라
     여차도인   평생소향   지재온포
【本文】故로 古語에 亦有之曰, 三途苦가 未是苦라
     고   고어   역유지왈 삼도고   미시고
袈裟下失人身이 始是苦也라하니라
가사하실인신   시시고야
【註解】故人이 云, 今生에 未明心하면 滴水도 也難
     고인   운 금생   미명심   적수   야난

겠지만 나의 돌은 점점 닳아 없어지게 될 것이다. 그러나 어떤 사람들은 도리어 남들이 와서 나의 돌에 칼을 갈지 않는다고 걱정하고 있으니 참으로 딱한 일이다."라고 하였다.

【주해】이와 같은 수도인은 평생 소원이 오로지 배불리 먹고 따뜻이 입는 데만 있는 것일까.

【본문】그러므로 옛말에 또한 이르기를 "삼악도의 고통이 고통이 아니라, 가사를 입었다가 사람 몸을 잃는 것이 돌이킬 수 없는 고통이다."라고 하였다.

【주해】옛 어른이 이르기를 "금생에 마음을 밝히지 못하면 한 방울 물도 소화시키기 어려우니라."고 했

消소라하니 此所以袈裟下失人身也차소이가사하실인신야라 佛子佛子불자불자야 憤분
之激之지격지어다

【本文】 咄哉돌재라 此身차신이 九孔常流구공상류하고 百千癰疽백천옹저가 一일
片薄皮편박피라 又云우운, 革囊盛糞혁낭성분하야 膿血之聚농혈지취가 臭穢可취예가
鄙비라 無貪惜之무탐석지온 何況百年하황백년을 將養장양한들 一息背恩일식배은이리요

【註解】 上來諸業상래제업이 皆由此身개유차신이라 發聲叱咄발성질돌은 深有심유

는데, 이것이 이른바 가사를 입었다가 사람의 몸을 잃는다는 것이다.

불자여, 불자여! 분발하고 분발하거라.

【본문】 우습다, 이 몸이여. 아홉 구멍에서는 항상 더러운 것이 흘러나오고, 백천 가지 부스럼 덩어리를 한 조각 엷은 가죽으로 싸 놓았구나. 또한 가죽 주머니에는 똥이 가득 담기고 피고름 뭉치라, 냄새나고 더러워 조금도 탐하거나 아까워할 것이 없다. 더구나 백년을 잘 길러준대도 숨 한 번에 은혜를 등지고 마는 것을.

【주해】 위에 말한 모든 업이 다 이 몸 때문에 생긴 것이니, 소리쳐 꾸짖고 크게 깨우침이 있어야 할 것이다.

警也라 此身은 諸愛根本이니 了之虛妄則諸愛自
除요 如其耽着則起無量過患이라 故로 於此特明하야
以開修道之眼也라

【評釋】四大無主故로 一爲假四寃이요 四大背恩
故로 一爲養四蛇라 我不了虛妄故로 爲他人也하야
瞋之慢之하고 他人이 亦不了虛妄故로 爲我也하야

 이 몸은 모든 애욕의 근본이므로 그것이 허망한 줄 알게 되면 온갖 애욕도 저절로 사라질 것이다.

 이를 탐착하는 데서 한량 없는 허물과 근심 걱정이 일어나게 되는 것이므로 여기 특별히 밝혀 수도인의 눈을 띄워주려는 것이다.

【평석】 네 가지 요소로 이루어진 이 몸에는 주인될 것이 없으므로 네 가지 원수가 모였다고도 하고, 네 가지는 은혜를 등지는 것들이므로 네 마리의 뱀을 기른다고도 한다. 내가 허망함을 깨닫지 못하므로 남의 일로 화도 내고 깔보기도 하며, 다른 사람도 또한 허망함을 깨닫지 못한 까닭에 나로 인해 성내고 깔보는

瞋之慢之하나니 若二鬼之爭一屍也라 一屍之爲體
也는 一日泡聚요 一日夢聚요 一日苦聚요 一日糞
聚니 非徒速朽라 亦甚鄙陋라 上七孔은 常流涕唾하고
下二孔은 常流屎尿라 故로 須十二時中에 潔淨身
器하야 以參衆數니라 凡行麁不淨者는 善神이 必背
去니라 因果經에 云, 將不淨手하야 執經卷하며 在佛

것이다. 이것은 마치 두 귀신이 한 송장을 가지고 싸우는 것이나 다를 바 없다. 그 송장을 가리켜 '물거품 뭉치'라 하고, '꿈 덩어리' 혹은 '고생 주머니', '거름 무더기'라고도 하는 것이니, 그것은 빨리 썩어버릴 뿐 아니라 더럽기 짝이 없다. 위에 있는 일곱 구멍에서는 항상 눈물과 콧물이 흐르고, 아래 두 구멍에서는 대소변이 흘러나온다.

그러므로 대중과 섞이려면 밤낮으로 그 몸을 깨끗이 해야 한다. 몸가짐이 부정한 사람은 선한 신장들이 반드시 등져 버린다고 한다.

〈인과경〉에 이르기를 "더러운 손으로 경을 만지거

前_{하야} 涕唾者_는 必當獲厠蟲報_{라하니라} 文殊經_에 云,
大小便時_에 狀如木石_{하야} 愼勿語言作聲_{하며} 又勿
畵壁書字_{하며} 又勿吐痰入厠中_{하라} 又云登厠_에 不
洗淨者_는 不得坐禪床_{하며} 不得登寶殿_{하라}

【本文】有罪卽懺悔_{하고} 發業卽慚愧_{하면} 有丈夫氣
象_{이요} 又改過自新_{하면} 罪隨心滅_{이니라}

나 부처님 앞에서 침을 뱉는 사람은 내세에 뒷간 벌레가 될 것이다."하였고, 〈문수경〉에는 "대소변을 볼 때에는 나무나 돌처럼 말하거나 소리내지 말고, 벽에 낙서도 말며 함부로 침뱉지도 말라."고 했다.

그리고 "변소에 다녀와서 깨끗이 씻지 않고는 좌선하는 자리에 앉지 말며 법당에 들어가지도 말라."고 하였다.

【본문】 허물이 있거든 곧 참회하고 잘못된 일이 있으면 부끄러워할 줄 아는 데에 장부의 기상이 있다.

그리고 허물을 고쳐 스스로 새롭게 하면 그 죄업도 마음을 따라 없어질 것이다.

【註解】懺悔者는 懺其前愆이요 悔其後過라 慚愧者는 慚責於內하고 愧發於外니 然이나 心本空寂하니 罪業이 無寄니라

【本文】道人은 宜應端心하야 以質直爲本하야 一瓢一衲으로 旅泊無累니라

【註解】佛云, 心如直絃 又云, 直心이 是道場

【주해】 참회란 먼저 지은 허물을 뉘우치고, 다시는 짓지 않겠다고 맹세하는 일이다. 부끄러워한다는 것은 안으로 자신을 꾸짖고 밖으로는 자기의 허물을 드러내는 일이다. 마음이 본래 비어 고요한 것이므로 죄업도 붙어 있을 곳이 없다.

【본문】 수도인은 마땅히 마음을 단정히 하여 검소하고 진실한 것으로써 근본을 삼아야 한다.

 표주박 한 개와 누더기 한 벌이면 어디를 가나 걸릴 것이 없다.

【주해】 부처님께서 말씀하시기를 "마음이 똑바른 거문고 줄(絃) 같아야 한다."고 하셨다. 또 말씀하시기

若不耽着此身則 必旅泊無累니라
약 불 탐 착 차 신 즉 필 여 박 무 루

【本文】凡夫는 取境하고 道人은 取心이니 心境을 兩忘하야사 乃是眞法이니라
범부 취경 도인 취심 심경 양망 내시진법

【註解】取境者는 如鹿之趁空花也요 取心者는 如猿之捉水月也니라 境心이 雖殊나 取病則一也라 此는 合論凡夫二乘이라
취경자 여녹지진공화야 취심자 여원지착수월야 경심 수수 취병즉일야 차 합론범부이승

를 "바른 마음이 곧 도량이다."고 하셨다. 이 몸에 탐착함이 없다면 어디를 가나 거리낌이 없을 것이다.

【본문】범부들은 눈앞의 현실에만 따르고, 수도인은 마음만을 붙잡으려 한다. 그러나 마음과 바깥 현실 두 가지를 다 내버리는 이것이 참된 법이다.

【주해】현실만 따르는 것은 마치 목마른 사슴이 아지랑이를 물인 줄 알고 찾아 가는 것 같고, 마음을 붙잡으려는 것은 원숭이가 물에 비친 달을 잡으려는 것과 같다. 바깥 현실과 마음이 비록 다르지만 병통이기는 마찬가지다.

　이것은 범부와 이승을 합쳐서 말한 것이다.

【頌】天地尙空秦日月이요 山河不見漢君臣이로다

【本文】聲聞은 宴坐林中이나 被魔王捉하고 菩薩은 遊戲世間이나 外魔不覓이니라

【註解】聲聞은 取靜爲行故로 心動이요 心動則鬼見也라 菩薩은 性自空寂故로 無迹이라 無迹則外魔不見이라 此는 合論二乘菩薩이라

【송】천지에는 진나라 해와 달이 없고, 강산에는 한나라 군신이 보이지 않네.

【본문】성문은 숲 속에 가만히 앉아서도 악마에게 붙잡히고, 보살은 세간에 노닐어도 외도들과 마군이 보지 못한다.

【주해】성문은 고요한데 머무는 것으로써 수행을 삼기 때문에 마음이 움직이고, 마음이 움직이니 귀신이 보게 된다. 그러나 보살은 성품이 본래 빈 것임을 깨달아 그 마음이 스스로 고요하므로 자취가 없고, 자취가 없으니 외도와 마군들이 보지 못한다.

이것은 이승과 보살을 합쳐서 말한 것이다.

【頌】三月懶遊花下路에 一家愁閉雨中門이로다
삼월나유화하로 일가수폐우중문

【本文】凡人이 臨命終時에 但觀五蘊皆空하야 四大
범인 임명종시 단관오온개공 사대
無我하고 眞心은 無相하야 不去不來니 生時에도 性
무아 진심 무상 불거불래 생시 성
亦不生하며 死時에도 性亦不去라 湛然圓寂하야 心
역불생 사시 성역불거 잠연원적 심
境이 一如라 但能如是하야 直下頓了하면 不爲三世
경 일여 단능여시 직하돈료 불위삼세
所拘繫니 便是出世自由人也라 若見諸佛이라도 無
소구계 변시출세자유인야 약견제불 무

【송】봄바람 꽃길에서 오락가락 노니는데, 한 집이 우중충 빗 속에 잠겨 있네.

【본문】누구든지 임종할 때에는 이렇게 관찰해야 한다. 즉 오온이 다 빈 것이어서 이 몸에는 '나'라고 할 것이 없고, 참마음은 모양이 없어 오고 가는 것도 아니다.

날 때에도 성품은 또한 난 바가 없고, 죽을 때에도 성품은 가는 것이 아니다. 지극히 맑고 고요하여 마음과 환경은 하나인 것이다.

오직 이처럼 관찰하여 단박 깨치면 삼세와 인과에 얽매이거나 이끌리지 않게 될 것이니, 이런 사람이야

心隨去하면 若見地獄이라도 無心怖畏니 但自無心하면
同於法界니 此卽是要節也라 然則平常은 是因이요
臨終은 是果니 道人은 須着眼看하라

【註解】怕死老年에 親釋迦로다

【頌】好向此時明自己하면 百年光影轉頭非라

【本文】凡人이 臨命終時에 若一毫毛라도 凡聖情量이

말로 세상에서 뛰어난 자유인이다. 부처님을 만난다 할지라도 따라갈 마음이 없고, 지옥을 보더라도 무서운 생각이 없어야 한다.

다만 무심하게 되면 법계와 같이 될 것이니 이 점이 바로 요긴한 것이다. 그러므로 평상시는 씨(因)이고 임종할 때는 그 열매(果)다.

수도인은 이곳에 주의해야 한다.

【주해】죽기 싫은 늘그막에야 부처님께 나가는가

【송】이런 때에 제 마음을 애써 밝히라 백년 긴 세월도 순식간에 그르치니.

【본문】사람이 임종할 때에 만약 털끝만큼이라도 성

不盡하고 思慮를 未忘하면 向驢胎馬腹裡하야 托質하며
부진   사려 미망   향로태마복리   탁질
泥犁鑊湯中에 煮煠하며 乃至依前再爲螻蟻蚊虻이니라
니리확탕중   자잡   내지의전재위루의문맹

【註解】白雲이 云, 設使一毫毛라도 凡聖情念이 淨
       백운 운 설사일호모   범성정념   정
盡하면 亦未免入驢胎馬腹中이라하니 二見이 星飛하면
진   역미면입노태마복중   이견   성비
散入諸趣하리라
산입제취

【頌】烈火茫茫하고 寶劍이 當門이로다
     열화망망   보검   당문

인이다 범부다 하는 생각이 남아 있게 되면 나귀나 말의 뱃속에 끌려들기 쉽고, 지옥의 끓는 가마 속에 처박히게 되며, 혹은 개미나 모기 같은 것이 되기도 할 것이다.

【주해】백운선사가 이르기를

"범부라거니 성인이라거니 하는 생각이 깨끗이 없어져 털끝만치라도 남은 바가 없다 할지라도, 또한 나귀나 말의 뱃속에 들어가는 것을 면치 못하리라." 고 하였다.

두 소견이 번득이면 여러 길에 들어갈 것이다.

【송】모진 불이 활활 붙고 보배 칼이 번쩍인다.

【評釋】此二節은 特開宗師의 無心合道門하야 權遮教中에 念佛求生門이니 然이나 根器不同하고 志願이 各異하니 各各如是가 兩不相妨이니 願諸道者는 平常隨分하야 各自努力하야 最後刹那에 莫生疑悔하라

【本文】禪學者가 本地風光을 若未發明則孤峭玄關을 擬從何透리요 往往에 斷滅空으로 以爲禪하며

【평석】이 두 구절은 특별히 종사가 무심하여 도에 합하는 문을 열고, 염불하여 극락세계에 나기를 원하는 문은 한 때 방편으로 막아 놓은 것이다.

그러나 사람마다 바탕과 그릇이 같지 않고, 뜻과 원이 또한 다르므로, 이와 같은 두 가지가 서로 방해되지 않는다. 바라건대 공부하는 사람들은 평소에 분수대로 각자 노력하여 마지막 찰나에 의심하거나 뉘우치지 말아야 할 것이다.

【본문】참선하는 이가 본래 면목을 밝혀 보지 못한다면 높고 아득한 진리의 문을 어떻게 꿰뚫을 것인가.

더러는 아주 끊어져 없어진 빈 것으로써 참선을 삼

無記空無記空으로 以爲道이위도하며 一切俱無일체구무로 以爲高見이위고견하나니 此차는 冥然頑空명연완공이라 受病幽矣수병유의니 今天下之言禪者금천하지언선자가 多坐在此病다좌재차병이니라

【註解】 向上一關향상일관은 措足無門조족무문이라 雲門운문이 云운, 光不透脫광불투탈하면 有兩種病유양종병이요 透過法身투과법신이라도 亦有兩種病역유양종병이니 須一一透得수일일투득하야사 始得시득다

기도 하고, 무엇이라 말할 수 없이 빈 것으로써 도를 삼기도 하며, 모든 것이 없는 것으로써 높은 소견을 삼기도 하니, 이런 것들은 컴컴하게 비어 있어 병든 바가 깊다.

지금 천하에 참선을 말하는 사람치고 이와 같은 병에 안 걸린 사람이 얼마나 될까?

【주해】 아득하게 올라가는 한 관문은 발 붙일 곳이 없다. 운문선사가 이르기를

"빛을 꿰뚫지 못하는 데 두 가지 병이 있고, 법신을 꿰뚫은 뒤에도 또한 두 가지 병이 있으니, 모름지기 하나하나 꿰뚫어야 한다"고 하였다.

【頌】不行芳草路하면 難至 落花村이니라
　　　불행방초로　　　난지 낙화촌

【本文】宗師도 亦有多病하니 病在耳目者는 以瞪眉
　　　　종사　역유다병　　병재이목자　 이당미
努目과 側耳點頭로 爲禪하며 病在口舌者는 以顚
노목　측이점두　 위선　　병재구설자　 이전
言倒語와 胡唱亂喝로 爲禪하며 病在手足者는 以
언도어　호창난할　 위선　　병재수족자　 이
進前退後와 指東畵西로 爲禪하니 病在心腹者는 以
진전퇴후　지동화서　 위선　　병재심복자　 이
窮玄究妙와 超情離見으로 爲禪하나니 據實而論컨댄
궁현구묘　초정이견　　위선　　　거실이논

【송】우거진 풀밭 길을 거치지 않고 꽃이 지는 마을에 가긴 어려워.

【본문】종사에게도 또한 병이 많다. 병이 귀와 눈에 있는 이는 눈을 부릅뜨고, 귀를 기울이며, 머리를 끄덕이는 것으로써 선을 삼고, 병이 입과 혀에 있는 이는 횡설수설 되지 않는 말과 함부로 '할'하는 것으로써 선을 삼는다. 또 병이 손발에 있는 이는 나아갔다 물러갔다 함과 이쪽저쪽 가리키는 것으로써 선을 삼으며, 병이 마음 가운데에 있는 이는 진리를 찾아내고 오묘한 것을 뚫어내며 인정에 뛰어나고 자기의 소견을 여의는 것으로써 선을 삼는다.

無非是病이니라
무 비 시 병

【註解】殺父母者는 佛前懺悔어니와 謗般若者는 懺
　　　　살 부 모 자　　불 전 참 회　　　　　방 반 야 자　　참

悔無路니라
회 무 로

【頌】空中撮影이 非爲妙어늘 物外追蹤이 豈俊機리요
　　　공 중 촬 영　　비 위 묘　　　물 외 추 종　　기 준 기

【本文】本分宗師의 全提此句는 如木人唱拍하며 紅爐
　　　　본 분 종 사　　전 제 차 구　　여 목 인 창 박　　홍 로

點雪이요 亦如石火電光이니 學者實不可擬議也니라
점 설　　　역 여 석 화 전 광　　　학 자 실 불 가 의 의 야

　사실대로 말하자면 어느 것이고 병 아닌 것이 없다.

【주해】부모를 죽인 사람은

부처님 앞에 참회하려니와 반야를 비방한 사람은 참회할 길이 없다.

【송】허공에서 그림자 붙잡아도 우스운데 세상 밖에 뛰는 것 무어 그리 장할까.

【본문】본분 종사는 법을 온전히 들어 보인다.

　마치 장승이 노래하고 불붙는 화로에 눈 떨어지는 듯 하며,

또한 번갯불이 번쩍이듯 하여, 공부하는 이가 어떻다고 헤아려 보거나 더듬을 수가 전혀 없다. 그러므로

故로 古人이 知師恩 曰, 不重先師道德이요 只重先師不爲我說破라 하니라

【註解】 不道不道하라 恐上紙墨이니라

【頌】 箭穿江月影하니 須是射鵰人이니라

【本文】 大抵學者는 先須詳辨宗途니 昔에 馬祖一喝也에 百丈은 耳聾하고 黃檗은 吐舌하니 這一喝은 便

옛 어른이 그 스승의 은혜를 알고 말하기를

"스님의 도덕을 장하게 여김이 아니라 오직 스님이 내게 해설해 주지 않은 것에 감격한다."라고 하였다.

【주해】 말하지 말아라, 말하지 말아라. 붓 끝에 오를라!

【송】 화살이 강물에 뜬 달 그림자를 꿰뚫으니 그가 바로 독수리를 잡는 이로구나.

【본문】 공부하는 사람들은 먼저 선종의 갈래부터 자세히 가리어 알아야 한다.

　옛날에 마조스님이 한 번 '할' 하는데, 백장스님은 귀가 먹고 황벽스님은 혀가 빠졌다.

　이 한 '할'이야말로 곧 부처님께서 꽃을 드신 소식이

是拈花消息이며 亦是達摩初來底面目이라 吁라 此
시염화소식   역시달마초래저면목   우   차
臨濟宗之淵源이니라
임제종지연원

【註解】識法者懼니 和聲便打니라
      식법자구   화성편타

【頌】杖子一枝無節目을 慇懃分付夜行人이로다
    장자일지무절목   은근분부야행인

【評釋】昔馬祖一喝也에 百丈은 得大機하고 黃檗은
      석마조일할야   백장   득대기   황벽
得大用하니 大機者는 圓應으로 爲義하고 大用者는
득대용   대기자   원응   위의   대용자

며, 또한 달마대사의 처음 오신 면목이다.

　이것이 임제종의 근원이 된 것이다.

【주해】법을 아는 이가 무섭다.

　소리를 따라 갈겨 주리라.

【송】주장자 한 가지 마디라곤 없는데 슬며시 내어 주네 밤길의 나그네께.

【평석】옛날 마조스님의 한 번 외치는 '할'에 백장스님은 대기(大機)를 얻었고,

황벽스님은 대용(大用)을 얻었다.

　대기란 원만해서 두루 맞는 것이고, 대용이란 바로 끊는 것이다.

直截로 爲義하니 事見傳燈錄이니라
직절 위의 사현전등록

【本文】大凡祖師宗途가 有五하니 曰臨濟宗 曰曹洞
대범조사종도 유오 왈임제종 왈조동

宗 曰雲門宗 曰潙仰宗 曰法眼宗이라
종 왈운문종 왈위앙종 왈법안종

【臨濟宗】本師釋迦佛로 至三十三世六祖慧能大師
본사석가불 지삼십삼세육조혜능대사

下直傳하니 曰南嶽懷讓 曰馬祖道一 曰百丈懷海
하직전 왈남악회양 왈마조도일 왈백장회해

曰黃檗希運 曰臨濟義玄 曰興化存獎 曰南院
왈황벽희운 왈임제의현 왈흥화존장 왈남원

그 사연이 <전등록>에 실려 있다.

【본문】조사들의 종파에 다섯 갈래가 있는데,

그것은 임제종·조동종·

운문종·위앙종,

법안종 등이다.

【임제종】우리 스승 석가모니 부처님으로부터

33세 되는 육조 혜능대사의 밑에서 곧게 전하여 내려

가기를,

남악 회양·마조 도일·

백장 회해·황벽 희운·

임제 의현·홍화 존장·

道顒 曰風穴延沼 曰首山省念 曰汾陽善昭 曰
慈明楚圓 曰楊岐方會 曰白雲守端 曰五祖法
演 曰圓悟克勤 曰徑山宗杲禪師等이라

【曹洞宗】六祖下傍傳이니 曰靑原行思 曰石頭希
遷 曰藥山惟儼 曰雲巖曇晟 曰洞山良价 曰曹
山耽章 曰雲居道膺禪師等이라

남원 도옹 · 풍혈 연소 ·

수산 성념 · 분양 선소 ·

자명 초원 · 양기 방회 ·

백운 수단 · 오조 법연 ·

원오 극근 · 경산 종고

같은 이들이다.

【조동종】 육조의 아래에서 곁 갈래의

청원 행사 · 석두 희천 ·

약산 유엄 · 운암 담성 ·

동산 양개 · 조산 탐장 ·

운거 도응 같은 이들이다.

【雲門宗】馬祖傍傳이니 曰天皇道悟 曰龍潭崇信 曰德山宣鑑 曰雪峰義存 曰雲門文偃 曰雪竇重顯 曰天衣義懷禪師等이라

【潙仰宗】百丈傍傳이니 曰潙山靈佑 曰仰山慧寂 曰香嚴智閑 曰南塔光湧 曰芭蕉慧淸 曰郭山景通 曰無着文喜禪師等이라

【운문종】 마조의 곁 갈래로

천황 도오 · 용담 숭신 ·

덕산 선감 · 설봉 의존 ·

운문 문언 · 설두 중현 ·

천의 의회 같은 이들이다.

【위앙종】 백장의 곁 갈래로

위산 영우 · 앙산 혜적 ·

향엄 지한 · 남탑 광용 ·

파초 혜청 · 곽산 경통 ·

무착 문희

같은 이들이다.

【法眼宗】雪峰傍傳이니 曰玄沙師備 曰地藏桂琛
설봉방전   왈현사사비 왈지장계침

曰法眼文益 曰天台德韶 曰永明延壽 曰龍濟
왈법안문익 왈천태덕소 왈영명연수 왈용제

紹修 曰南臺守安禪師等이라
소수 왈남대수안선사등

【臨濟家風】赤手單刀로 殺佛殺祖하며 辨古今於玄
적수단도 살불살조   변고금어현

要하고 驗龍蛇於主賓이라 操金剛寶劍하야 掃除竹
요   험용사어주빈   조금강보검   소제죽

木精靈하며 奮獅子全威하야 震裂狐狸心膽이로다 要
목정령   분사자전위   진열호리심담   요

【법안종】설봉의 곁 갈래로

현사 사비 · 지장 계침 ·

법안 문익 · 천태 덕소 ·

영명 연수 · 용제 소수 ·

남대 수안 같은 이들이다.

【임제가풍】맨손에 한 자루의 칼을 들고 부처님도 용서 없고 조사도 죽이노라.

예와 이제 할 것 없이 삼현(三玄)이나 삼요(三要)로써 판단하고, 용과 뱀을 빈주구(賓主句)로 알아낸다.

금강의 보배 칼로 도깨비를 쓸어 내고, 사자의 위엄을 떨치어서 여우와 너구리의 넋을 찢네.

識臨濟宗麼아 靑天轟霹靂이요 平地起波濤로다
식 임 제 종 마   청 천 굉 벽 력   평 지 기 파 도

【曹洞家風】權開五位하야 善接三根하며 橫抽寶劍하야
　　　　　　권 개 오 위 　선 접 삼 근　　횡 추 보 검

斬諸見稠林하며 妙協弘通하야 截萬機穿鑿이로다 威
참 제 견 주 림 　 묘 협 홍 통 　 절 만 기 천 착 　　위

音那畔에 滿目煙光이요 空劫已前에 一壺風月로다
음 나 반   만 목 연 광   공 겁 이 전   일 호 풍 월

要識曹洞宗麼아 佛祖未生空劫外에 正偏不落有
요 식 조 동 종 마 불 조 미 생 공 겁 외 정 편 불 낙 유

無機로다
무 기

　임제종을 알려는가? 푸른 하늘에 벼락치고 평지에서 파도가 인다.

【조동가풍】권도로써 다섯 자리를 열어 놓아 세 가지 근기를 잘 다룬다. 보배칼을 빼어 들고 삿된 소견이 많은 숲을 말끔하게 베어 내고, 널리 고루 통하는 길을 묘하게도 맞추어서 천만 갈래 모든 생각 끊어 내어 버리누나. 위음왕불 나시기 전 까마득한 그 빛이요, 하늘과 땅이 생기기 전 신선세계 경치로다.

　조동종을 알려는가? 부처님과 조사도 안 나시고 아무것도 없던 그 전, 똑바른 것, 치우친 것, 있는 것이나 없는 것에 떨어지지 않느니라.

【雲門家風】劍鋒有路하고 鐵壁無門이라 掀翻露布葛藤하고 剪却常情見解하니 迅電은 不及思量이요 烈焰에 寧容湊泊이리요 要識雲門宗廲아 拄杖子勃跳上天하고 盞子裡에 諸佛이 說法이로다

【潙仰家風】師資唱和하니 父子一家로다 脇下書字하니 頭角이 崢嶸이요 室中驗人에 獅子腰折이로다

【운문가풍】 칼날에는 길이 있고 철벽에는 문이 없다.

온 천하의 말썽거리 둘러 엎고, 온갖 못된 소견들을 잘라 내어 버리노라.

빠른 번개같이 되어 미처 생각할 수 없고, 활활 타는 불꽃 속에 어찌 머무를 수 있으리요.

운문종을 알려는가? 주장자가 날뛰어서 하늘 높이 올라가고 잔 속에서 모든 부처님들이 설법하시네.

【위앙가풍】 스승과 제자가 부르면 화답하고, 아버지와 아들이 한 집에서 살고 있네.

옆구리에 글자 쓰고 머리 위에는 뿔이 뽀족 솟았구나. 방 안에서 사람들을 시험하니 사자 허리 부러진

離四句絶百非를 一槌粉碎하니 有兩口無一舌이여
이사구절백비 일추분쇄 유양구무일설
九曲珠通이로다 要識潙仰宗麼아 斷碑는 橫古路하고
구곡주통 요식위앙종마 단비 횡고로
鐵牛는 眠少室이로다
철우 면소실

【法眼家風】言中有響하고 句裡藏鋒이라 髑髏는 常干
언중유향 구리장봉 촉루 상간
世界하고 鼻孔은 磨觸家風이라 風柯月渚는 顯露眞
세계 비공 마촉가풍 풍가월저 현로진
心하고 翠竹黃花는 宣明妙法이로다 要識法眼宗麼아
심 취죽황화 선명묘법 요식법안종마

다. 네 가지 말 다 여의고 백 가지 아닌 것도 모두 함께 끊어버려 한 망치로 부수었네. 입은 둘이 있으나 혀는 하나도 없는 것이 아홉 구비 굽은 구슬 환하게도 꿰뚫었다. 위앙종을 알려는가? 부러진 비석 옛 길 위에 쓰러져 있고 무쇠 소는 작은 집에 잠을 자네.

【법안가풍】말끝마다 메아리가 울려오고 글 속에 날랜 칼날이 숨었구나.

해골이 온 세계를 지배하고 콧구멍은 어느 때나 그 가풍을 불어내네.

바람 부는 나무 숲과 달 비치는 물가에는 참마음이 드러나고, 푸른 대와 누런 국화 묘한 법을 보여 주네.

禪家龜鑑

風送斷雲歸嶺去하고 明月和流水過橋來로다
풍 송 단 운 귀 영 거   명 월 화 류 수 과 교 래

【別明 臨濟宗旨】大凡一句中에 具三玄하고 一玄中에
　　　　　　　　대 범 일 구 중   구 삼 현   일 현 중
具三要하니 一句는 無文綵印이요 三玄三要는 有文
구 삼 요   일 구   무 문 채 인   삼 현 삼 요   유 문
綵印이라 權實은 玄이요 照用은 要라
채 인   권 실   현   조 용   요

【三句】第一句는 喪身失命이요 第二句는 未開口錯이요
　　　 제 일 구 상 신 실 명   제 이 구   미 개 구 착
第三句는 糞箕掃箒라
제 삼 구 분 기 소 추

   법안종을 알려는가? 맑은 바람 구름을 밀어 산마루로 올라가고, 밝은 달은 물에 떠서 다리 지나 흘러 오네.

【따로 임제종의 종지를 밝힘】

   일구(一句) 가운데 삼현(三玄)이 갖추어 있고, 일현(一玄) 가운데 삼요(三要)가 갖추어 있는데,
일구는 글발이 없는 인(印)이고 삼현과 삼요는 글발이 있는 인이다. 권도와 실상은 현(玄)이며, 비침과 씀은 요(要)가 된다.

【삼구】 첫째 구는 몸이 죽고 숨이 끊어지는 것이며, 둘째 구는 입을 열기 전에 그르쳤고,

【三要】 一要는 照卽大機요 二要는 照卽大用이요
　　　　 일 요　 조 즉 대 기　 이 요　 조 즉 대 용
三要는 照用同時라
삼 요　 조 용 동 시

【三玄】 體中玄은 三世一念等이요 句中玄은 徑截言
　　　　 체 중 현　 삼 세 일 념 등　　　 구 중 현　 경 절 언
句等이요 玄中玄은 良久棒喝等이라
구 등　　 현 중 현　 양 구 방 할 등

【四料揀】 奪人不奪境은 待下根이요 奪境不奪人은
　　　　　 탈 인 불 탈 경　 대 하 근　　　 탈 경 불 탈 인
待中根이요 人境兩俱奪은 待上根이요 人境俱不奪은
대 중 근　　 인 경 양 구 탈　 대 상 근　　 인 경 구 불 탈

셋째 구는 똥삼태기와 빗자루이니라.

【삼요】 첫째 요는 비침이 곧 큰 기틀이고, 둘째 요는 비침이 곧 큰 씀이며, 셋째 요는 비침과 씀이 한 때가 된다.

【삼현】 체 가운데 현은 삼세가 한 생각이라는 따위들이고, 구 가운데 현은 지름길 말들이며, 현 가운데 현은 양구와 방망이와 할 같은 것들이다.

【사료간】 사람을 빼앗고 경계를 빼앗지 않는 것은 하등 근기들을 다루는 법이고, 경계를 빼앗고 사람을 빼앗지 않는 것은 중등 근기들을 다루는 법이며, 사람과 경계를 함께 빼앗는 것은 상등 근기를 다루는 법이고,

待出格人이라
대 출 격 인

【四賓主】 賓中賓은 學人이 無鼻孔이니 有問有答이요
빈중빈 학인 무비공 유문유답

賓中主는 學人이 有鼻孔이니 有主有法이요 主中賓은
빈중주 학인 유비공 유주유법 주중빈

師家無鼻孔이니 有問在요 主中主는 師家有鼻孔이니
사가무비공 유문재 주중주 사가유비공

不妨奇特이라
불 방 기 특

【四照用】 先照後用은 有人在요 先用後照는 有法在요
선조후용 유인재 선용후조 유법재

사람과 경계를 함께 빼앗지 않는 것은 격 밖의 사람을 다루는 법이다.

【사빈주】 손 가운데 손은 배우는 이가 콧구멍이 없는 것이니, 물음이 있고 대답이 있는 것이고, 손 가운데 주인은 배우는 이가 콧구멍이 있는 것이니, 주인도 있고 법도 있는 것이며, 주인 가운데 손은 스승의 콧구멍이 없는 것이니 묻는 것만 있고, 주인 가운데 주인은 스승의 콧구멍이 있는 것이니 기특한 것도 해롭지 않다.

【사조용】 먼저 비치고 뒤에 씀은 사람이 있는 것이고, 먼저 쓰고 뒤에 비침은 법이 있는 것이며, 비침과 씀이 한 때로 되는 것은 밭을 가는 농부의 소를 빼앗고

照用同時는 驅耕奪食이요 照用不同時는 有問有答이라

【四大式】 正利는 小林面壁類요 平常은 禾山打鼓類요
本分은 山僧不會類요 貢假는 達磨不識類라

【四喝】 金剛王寶劍은 一刀에 揮斷一切情解요 踞地獅子는 發言吐氣에 衆魔腦裂이요 探竿影草는

주린 사람의 밥을 빼앗는 것이고, 비침과 씀이 한 때가 아닌 것은 물음이 있고 대답이 있는 것이다.

【사대식】 정리(正利)란 것은 소림굴에서 돌아 앉아 있는 따위이고, 평상 도리란 것은 화산의 '북을 친다.'는 따위며, 본분이란 것은 '산승은 모르노라.'한 따위고 거짓을 꾸민다는 것은 달마대사가 '알지 못하노라.'한 따위들이다.

【사할】 금강왕 보배 칼의 할이란 것은 한 칼에 온갖 생각과 알음알이를 끊어 버리는 것이고, 땅에 버티고 앉은 사자의 할이란 것은 말을 하거나 입김만 내쏘아도 모든 마군의 머리가 터지는 것이며, 탐지하는 댓가지와 그림자 보이는 풀 묶음 할이란 것은 그 상대자의

探其有無師承鼻孔이요 一喝不作一喝用은 具上
탐기유무사승비공   일갈부작일갈용   구상
三玄四賓主等이라
삼현사빈주등

【八棒】觸令返玄과 接掃從正과 靠玄傷正과 苦責은
     촉령반현   접소종정   고현상정   고책
罰棒이요 順宗旨는 賞棒이요 有虛實은 辨棒이요 盲
벌방   순종지   상방   유허실   변방   맹
架는 瞎棒이요 掃除凡聖은 正棒이니라 此等法은 非
가   할방   수제범성   정방   차등법   비
特臨濟宗風이라 上自諸佛로 下至衆生히 皆分上
특임제종풍   상자제불   하지중생   개분상

콧구멍이 있는가 없는가를 탐지하는 것이며, 또 한 가지 할은 한 할로만 쓰이지 않고, 위에 말한 삼현과 사빈주 같은 것들을 다 갖추고 있는 것이다.

【팔방】영을 내려서 이치에 돌아가게 하는 것과, 닥치는 대로 쓸어 버려서 바르게 하는 것과, 이치도 내버리고 바른 것까지도 쳐 버리는 것과, 몹시 책망하는 것들은 벌을 주는 방망이고, 종지에 맞도록 하는 것은 상을 주는 방망이며, 비게도 하고, 차게도 하는 것은 가리어 보는 방망이고, 함부로 쓰는 것은 눈 먼 방망이며, 범부와 성인을 함께 쓸어버리는 것은 바른 방망이다. 이처럼 법들은 하필 임제종의 가풍만이 될 뿐 아니라. 위로 모

事ㅣ니 若離此說法하면 皆是妄語니라
사 약이차설법 개시망어

【本文】 臨濟喝德山棒이 皆徹證無生하야 透頂透底라
임제할덕산방 개철증무생 투정투저

大機大用이 自在無方하야 全身出沒하며 全身擔荷하야
대기대용 자재무방 전신출몰 전신담하

退守文殊普賢大人境界나 然이나 據實而論컨대
퇴수문수보현대인경계 연 거실이론

此二師도 亦不免偸心鬼子니라
차이사 역불면투심귀자

【註解】 凜凜吹毛여 不犯鋒鋩이라
늠름취모 불범봉망

든 부처님으로부터 아래로는 중생들에 이르기까지 다 제대로 갖추어 있는 당연한 일이다. 만약 이것을 여의고 설법한다는 것은 모두 거짓말이다.

【본문】 임제의 '할'과 덕산의 '방망이'가 다 나는 것 없는 도리를 철저하게 증득하여 꼭대기에서 밑바닥까지 꿰뚫은 것이다. 큰 기틀과 큰 작용이 자유자재하여 어디에나 걸림 없고, 전신으로 출몰하며 온몸으로 짐을 져, 문수와 보현의 성인 경계를 지키고 있다 할지라도, 사실대로 말한다면 이 두 분(임제와 덕산)도 또한 도깨비가 됨을 면치 못할 것이다.

【주해】 시퍼런 칼날 다치지 말라.

【頌】爍爍寒光珠媚水하고 寥寥雲散月行天이로다
     삭삭한광주미수   요요운산월행천

【本文】大丈夫는 見佛見祖를 如寃家하나니 若着佛求하면 被佛縛이요 若着祖求하면 被祖縛이라 有求皆苦니 不如無事니라
     대장부 견불견조 여원가   약착불구   피불박   약착조구   피조박   유구개고 불여무사

【註解】佛祖如寃者는 結上無風起浪也요 有求皆苦者는 結上當體便是也요 不如無事者는 結上動
     불조여원자   결상무풍기랑야 유구개고자   결상당체변시야 불여무사자   결상동

【송】번쩍번쩍 서릿발 물에 튀는 구슬인가! 구름 흩어진 고요한 하늘에 흘러가는 저 달이여.

【본문】대장부는 부처님이나 조사 보기를 원수같이 해야한다. 만약 부처님께 매달려 구하는 것이 있다면 그는 부처님께 얽매인 것이고, 조사에게 매달려 구하는 것이 있다면 또한 조사에게 얽매여 있는 것이다.

무엇이든지 구하는 것이 있으면 모두 고통이므로 아무 일 없는 것만 같지 못하다.

【주해】부처님과 조사도 원수와 같이 보라는 것은 첫머리의 "바람도 없는데 물결을 일으킨다."는 말을 맺음이고, 구하는 것이 있으면 다 고통이라고 한 것은 "딴 것이 없

念卽乖也라 到此하야
坐斷天下人舌頭하고 生死迅輪을
庶幾停息也라 扶危定亂은 如丹霞燒木佛과
雲門喫狗子와 老母不見佛이라 皆是摧邪顯正底
手段이나 然이나 畢竟如何리오

【頌】常憶江南三月裡에 鷓鴣啼處百花香이로다

다 다 그대로 옳다."는 말을 맺은 것이며 일 없는 것만 같지 못하다는 것은 "한 생각 내면 곧 어기어 버린다."는 말을 맺은 것이다. 이렇게 되면 온 천하 사람의 혀 끝을 앉아서 끊게 되며, 생사의 빠른 바퀴가 저절로 멈추게 될 것이다. 난리를 평정하고 나라를 태평하게 하기는, 단하선사가 목불을 살라 버린 것과 운문선사가 개밥이나 주겠다던 것과 노파가 부처님을 안보려고 한 것과 같은 일들이다. 모두 요사한 것을 꺾고 바른 것을 드러내는 수단이다. 그러나 마침내는 어떻게 할 것인가.

【송】저 강남 삼월이 언제나 그립네. 자고새 노래하고 온갖 꽃 향기롭구나.

【本文】神光이 不昧하야 萬古徽猷니 入此門來인댄 莫存知解하라

【註解】神光不昧者는 結上昭昭靈靈也요 萬古徽猷者는 結上本不生滅也요 莫存知解者는 結上不可守名生解也라 門者는 有凡聖出入義하니 如荷澤의 所謂知之一字는 衆妙之門也라 吁라 起於名

【본문】거룩한 빛 어둡지 않아 천만고에 환하여라. 이 문 안에 들어오려면 알음알이 두지 말아라!

【주해】거룩한 빛이 어둡지 않다는 것은 첫머리의 '밝고 신령하다.'는 것을 맺음이고, 천만고에 환하다 함은 '본래부터 나지도 죽지도 않는다.'는 것을 맺음이며, 알음알이 두지 말라 함은 '이름에 얽매여서 알음알이 내지 말라.'는 것을 맺는 말이다.

'문'이란 범부와 성인이 드나든다는 뜻이 있는데, 하택 신회선사가 이른바 '안다.'는 한마디 말이 온갖 깊은 이치의 문이라고 했다.

'이름 지을 수도 모양 그릴 수도 없다.'는 데서 시작

狀不得하야 結於莫存知解하니 一篇葛藤을 一句都
破也로다 然이나 始終一解에 中擧萬行하니 如世典
之三義也라 知解二字는 佛法之大害故로 特擧而
終之하니 荷澤神會禪師가 不得爲曹溪嫡子者는
以此也라

【頌】因而頌曰, 如斯擧唱明宗旨하면 笑殺西來碧

하여 '알음알이 두지 말라.'는 것으로 맺으니, 한데 얽힌 넝쿨을 한마디 말로 끊어버렸다.

한 알음알이로써 시작과 끝을 삼고 중간에는 온갖 행동을 들어 보였으니 마치 세간 경전의 삼의와 같다.

더구나 알음알이는 불법에 큰 해독이므로 특별히 들어 마친 것이다.

하택신회 선사가 조계의 맏아들이 못된 것이 이 때문이다.

【송】따라서 송하기를 이같이 들어보여 종지를 밝힌다면 눈 푸른 달마스님 한바탕 웃었으리.

그러나 마침내 어떻게 할까. 아, 애닯다!

眼僧하리라 然이나 畢竟如何오 咄, 孤輪이 獨照江山
안 승   연   필 경 여 하   돌 고 륜   독 조 강 산
靜하니 自笑一聲에 天地驚이로다
정   자 소 일 성   천 지 경

휘영청 달은 밝고 강산은 고요한데 터지는 웃음소리 천지가 놀라겠네.

跋文
발문

右編은 乃曹溪老和尙 退隱師翁所著也라 噫라
우편 내조계노화상 퇴은사옹소저야 희
二百年來에 師法이 益喪하야 禪敎之徒가 各生異
이백년래 사법 익상 선교지도 각생이
見하니 宗敎者는 唯耽糟粕하야 徒自算沙하고 不知五
견 종교자 유탐조박 도자산사 부지오
敎上에 有直指人心하야 使自悟入之門이요 宗禪
교상 유직지인심 사자오입지문 종선
者는 自恃天眞하야 撥無修證하고 不知頓悟後에 始卽
자 자시천진 발무수증 부지돈오후 시즉
發心하야 修習萬行之意하니 禪敎混濫하야 沙金을 罔
발심 수습만행지의 선교혼남 사금 망

위에 있는 글은 조계 노화상 퇴은(退隱) 큰스님께서 지으신 것이다. 슬프다! 한 이백 년을 내려오면서 불교가 줄곧 쇠잔하여 선(禪)과 교(敎)의 무리들이 저마다 딴 소견을 내게 되었구나. 교만 주장하는 사람들은 찌꺼기에만 맛을 붙여 한갓 바닷가의 모래알만을 셀 뿐, 다섯 교문 위에 바로 사람의 마음을 가리켜, 스스로 깨쳐 들어가게 하는 길이 있는 줄을 알지 못한다.

그리고 선만을 주장하는 사람들은 스스로 천진한 성품만을 믿어 닦고 깨치는 것을 우습게 보고, 단박 깨친 뒤에야 참으로 발심하여 온갖 행을 닦는 뜻을 알지 못하고 있다. 그래서 선과 교가 뒤섞이고 넘쳐 모

五ᄂ이라 圓覺ᄋ에 所謂聞說本來成佛ᄒᆞ고 謂本無迷
분   원각   소위문설본래성불   위본무미
悟ᄅᆞ하야 撥置因果則便成邪見ᄋ이오 又聞修習無明ᄒᆞ고
오   발치인과즉변성사견   우문수습무명
謂眞能生妄ᄋ이라하야 失眞常性則亦成邪見者가 是
위진능생망   실진상성즉역성사견자   시
也ᄂᆞ 嗚呼殆哉ᄅᆞ 斯道之不傳ᄋ이 何若是甚也ᄋ오 綿
야   오호태재   사도지부전   하약시심야   면
綿涓涓ᄋ이 如一髮ᄋ이 引千鈞ᄒᆞ야 幾乎落地無從矣ᄅᆞ니
면연연   여일발   인천균   기호낙지무종의
賴我師翁ᄋ이 住西山一十年ᄒᆞ야 鞭牛有暇ᄋ에 覽五
뇌아사옹   주서산일십년   편우유가   남오

래와 금을 가리지 못하게 되니, 〈원각경〉에 이른바

"본래 성불이라는 말을 듣고, 모르는 것이나 깨치는 것이 본래 없는 것이라 하여, 인과도 집어치우는 것은 삿된 소견이고, 오랫동안 닦아서 무명을 끊는다는 말을 들으면 참 성품이 망념을 내는 것이라 하여 떳떳한 성품을 잃어버리게 되는 것도 또한 삿된 소견이다."

라고 한 말이 바로 이것이다.

아, 위태하여라! 부처님의 도가 어찌하여 바로 전해지지 못하고 있는 것일까.

겨우 이을락 말락함이 미치 한 올 머리카락으로 천근의 무게를 달아 올리듯 거의 땅에 떨어져 버려둘 수

十本經論語錄타가　間有日用中에　參決要切之語
십본경논어록　　　　간유일용중　　　참결요절지어
句則輒錄之하야　時與室中二三子로　詢詢然誨之하니
구즉첩녹지　　　　시여실중이삼자　　　순순연회지
一如牧羊之法하야　過者는　抑之하고　後者는　鞭之하야
일여목양지법　　　과자　　억지　　　후자　　편지
驅入於大覺之門하니　老婆心得徹因이　若是其切
구입어대각지문　　　노파심득철인　　약시기절
也언마는　奈二三子鈍根也리요　返以法門之高峻으로
야　　　　내이삼자둔근야　　　　반이법문지고준
爲病焉하니　師翁이　愍其迷蒙하사　各就語句下하야
위병언　　　사옹　　민기미몽　　　각취어구하

없더니, 마침 우리 큰스님께서 서산에 계신지 10년 동안 소를 먹이는 여가에 50여권의 경론과 어록을 보시다가 그 가운데 항상 공부하는데 요긴하고 간절한 말이 있으면 기록해 놓으셨던 것이다.

　그것을 때때로 몇몇 제자들에게 차근차근 가르치시기를 마치 양을 기르듯 하여, 지나친 이는 누르고 뒤떨어진 이는 채찍질하여 크게 깨치는 문 안으로 몰아 넣으려고 애쓰셨다.

　그러나 다들 미욱하여 도리어 법문이 높고 어려운 것으로써 탈을 잡으므로, 큰 스님께서는 어둡고 어리석은 이를 가련하게 여겨 다시 각 귀절마다 주해를 달

入註而解之하며 編次而繹之하니 鉤鎖連環하고 血
脈相通이라 萬藏之要와 五宗之源이 極備於此하니
言言見諦요 句句朝宗이라 向之偏者는 圓之하고 滯
者는 通之하니 可謂禪敎之龜鑑이요 解行之良藥
也로다 然이나 師翁이 常與論這般事하되 雖一言半
句라도 如弄劍刃上事하야 恐上紙墨하니 豈欲以此

아 풀이하고 차례로 엮어 놓으시니, 여러 마디가 한 줄에 이어지고 핏줄이 서로 통하여, 팔만대장경의 요긴한 것과 다섯 종파의 근원이 모두 여기에 갖추어져 말씀마다 이치에 부합되고, 구절구절이 종지에 들어맞아, 치우치던 이는 원만하게 되고 막혔던 이는 통하게 되니 참으로 선과 교의 거울이요, 깨닫는 데와 닦아가는 길에 좋은 약이라고 할만하다.

그러나 큰 스님께서 항상 이 일을 논하실 때에는, 한 말씀 반 귀절이라도 마치 칼날 위를 걷듯 조심조심하여 종이에 오를까 염려하셨거늘, 어찌 이것으로써 널리 세상에 유통시켜 당신의 재능을 자랑할 생각이

時 萬曆己卯春暮
시 만력기묘춘모

曹溪宗遺四溟鍾峰 惟政은 拜手口訣하고 因爲謹跋
조계종유사명종봉 유정 배수구결 인위근발

만력 기묘(1579년) 봄

조계종 유손 사명종봉, 유정(惟政)은 구결에 절하고 삼가 발문을 쓰다.

無一 우학 스님

대한불교 조계종 영축총림 통도사에 출가하여 성파 대화상을 은사로 득도하였다. 대학에서 선학(禪學)을 전공하였으며 선방, 토굴, 강원, 무문관에서 참선 등 정통 수행을 체계적으로 닦아왔다. 성우 대율사로부터 비니(毘尼) 정맥을 이었다. 오래전부터 간화선을 한 단계 발전 시킨 선관쌍수로서 후학들을 지도하고 있다.

대표저서

저거는 맨날 고기묵고1~2, 금강경 핵심강의, 새로운 불교공부, 길손여행, 완벽한 참선법, 최상의 기도법, 학습 초발심자경문, 티베트 체험과 달라이라마 친견, 우학스님의 빛깔있는 법문, 불교혁신론 & 포교론, 부처되는 공부, 우학스님의 명상 북다이어리 참 좋은 인연, 감사하며 사랑하며, Soundless Whisper ; Now or Never Forever, 좋은 세상 나소서, 감사하고 사랑하며, 우학스님의 행복 메시지 : 참 좋은 생각, 명상일기, 희망을 주는 불교명언명구, 참좋은 인연입니다, 공감, 한시사랑 통쾌한 일, 지혜로운 삶(신심명강설), 무문관 강론, 아! 부처님 등 200여권의 저서가 있다.

경전·조사어록시리즈(1) 선가귀감

초판	1998년 10월 15일
삼판3쇄	2015년 2월 25일

감수   無一 우학 스님
편저   한국불교대학 교재편찬회

펴낸곳 도서출판 좋은인연 book.tvbuddha.org
        편집/ 김현미 모상미 김규미 이근희
        등록/ 제4-88호
        주소/ 대구 남구 중앙대로 126
        전화/ 053.475.3706 ~ 7

ISBN   978-89-86829-40-2(03220)
        잘못된 도서는 구입처에서 교환해드립니다.

우리절 한국불교대학 대관음사
다음카페 불교인드라망/ 홈페이지 한국불교대학
참좋은 평생교육원/ NGO B.U.D
참좋은 요양병원/ 노인전문요양원 무량수전